D1728824

Fabian Vogt · Martin Schultheiß
Der Duft des Himmels

FABIAN VOGT · MARTIN SCHULTHEISS

der duft des himmels

Von einem, der auszog, das Glauben zu lernen

adeo

Was wir sind, ist nichts.
Was wir suchen, ist alles.

Friedrich Hölderlin (1770–1843)

Ich vertraue dem,
der den Duft des Himmels
riechen kann,
mehr als einem,
der ihn mir erklären möchte.

Nia

Gott sei gedankt,
der an allen Orten
den Duft
seiner Erkenntnis
offenbart.

Nach 2. Korinther 2,14

von einem, der auszog …

Es ist besser,
das vollkommene Leben zu suchen
und dabei unterwegs zu sterben,
als mit dem Suchen
nach der Vollkommenheit
nicht einmal anzufangen.

Origenes (185–254)

S ie holen tief Atem, sehr tief, dann machen sie zwei, drei Schritte nach vorne, bis die Zehen die Absprungkante spüren, Füße zusammen, Blick in den Abgrund, dann kommt der Ruf des Wettkampfleiters: ‚Jump!' … Spring!

Sebastian klappte das Moleskine-Notizbuch zu und sah nach oben. Emilio, der Fotograf, folgte seinen Augen mit dem Objektiv – hoch auf die Plattform in fast 30 Metern Höhe, die am Balkon eines Wohnhauses angebracht war. Von unten glänzte das Meer.

Der Journalist sah auf seinen Zettel: „Gleich kommt Gary Hunt. Der hat für die diesjährigen Meisterschaften einen eigenen Sprung kreiert, den Triple Quad. Echt klasse. Drei Siege bisher, in La Rochelle, in Yucatán und in Kragerø. Wenn er heute wieder so gut springt, dann hat er den Titel als weltbester Klippenspringer schon fast in der Tasche. Ich sag dir: Da kann Orlando Duque, der Kolumbianer, einpacken. Auch wenn er eine Legende ist. Immerhin neunfacher Weltmeister. Pass auf: Ich brauche auf jeden Fall ein Bild, wie Gary oben steht, eines vom Sprung – und eines, wenn er wieder auftaucht. Kriegst du das hin?"

Emilio zog den linken Mundwinkel hoch. So selbstsicher, dass Sebastian grinsen musste. Macho!

Während Gary Hunt sich noch streckte, ließ der Journalist seinen Blick über die romantische Kulisse von Polignano a Mare, dem Cliff-Diving-Mekka an der Adria-Küste streifen: lauter romantische Gebäude, die mit den hohen Felsen, auf denen sie standen, verwachsen schienen. Und darin und davor mehr als 40.000 enthusiastische Zuschauer, die bei jedem der spektakulären Sprünge aufschrien.

„So, jetzt kommt er nach vorne …" Sebastian versuchte, sich in den Klippenspringer hineinzudenken. Was fühlt einer, der sich gleich 30 Meter in die Tiefe stürzen wird? Hat er Angst? Was geht ihm durch den Kopf? Nimmt er die Fans wahr?

Gary Hunt war äußerst konzentriert. Langsam breitete er die Arme aus. Elegant. Sehr britisch. Kein Wunder, bei einem Mann aus Southampton. Jetzt! Der Körper löste sich von der Rampe. Mit Anlauf sogar. Erstaunlich. Emilios Zeigefinger trommelte auf den Auslöser der Kamera. Der erste Salto rückwärts mit Schraube …

Da klingelte Sebastians Handy. Mist. Hektisch zog der dunkelblonde Mann sein Nokia aus der Hosentasche, ohne die Augen von dem vielversprechenden Springer zu lösen. Jetzt nicht! Man kann doch nicht immer erreichbar sein. Bevor Sebastian weiter nachdenken konnte, hatte er den Anruf weggedrückt.

Gary Hunt war noch in der Luft. Er beendete den Sprung mit einem „Blind entry", einer Figur, bei der der Klippenspringer die Wasseroberfläche zum letzten Mal einen halben Salto vor dem Eintauchen sieht – und deshalb quasi blind landet.

Die Spannung des Publikums entlud sich in einem ekstatischen Applaus, der sich in den Klippen brach. Wie kreischende Vögel.

Als der Journalist gerade wieder anfangen wollte, sich Notizen zu machen, meldete sein Handy den Eingang einer SMS.

„O Mann."

Sebastian sah in seinen Posteingangsordner. Seltsam. Es war eine Nachricht von Vera, seiner Schwester, mit der er bestimmt sechs oder sieben Wochen nicht mehr gesprochen hatte. Außerdem hatte sie ihm noch nie eine SMS geschickt. Er drückte auf „Öffnen".

Die Nachricht lautete ganz schlicht: „Jana geht es schlecht. Komm nach Hause. SOFORT!"

Emilio knurrte. Einmal. Dann noch einmal. Lauter. Sebastian bemerkte verdutzt, dass der Fotograf ihm schon die ganze Zeit das Display seiner Kamera hinhielt.

„Hallo! Träumst du? Hier, guck mal – gut getroffen. Oder? Direkt vor der Klippe, ein sensationelles Bild."

Leise sagte der Journalist: „Ja, sehr schön. Emilio, ich muss nach Hause. Jetzt gleich. Ich habe … ja alle wesentlichen Fakten, die ich für meine Reportage brauche. Den Rest hole ich mir aus dem Netz. Du stellst die Bilder wieder auf den Server, ja? Also … bis bald."

Und während Sebastian seine Tasche griff und die Pressetribüne verließ, sprang der Russe Artem Silchenko hinter ihm eine ungewöhnlich wagemutige Kombination, die ihm an diesem Tag die Höchstpunktzahl einbrachte.

Sebastian war müde, als er um 21:45 Uhr auf Rhein-Main landete. Kein Wunder, dachte er. Eben noch an der Adria, jetzt im völlig verregneten August Deutschlands. Großartig. Der verregnetste August seit Beginn der Wetteraufzeichnung. Was für ein Titel!

Während Sebastian auf seine Koffer wartete, schaltete er sein Handy wieder ein – und versuchte erneut, seine Schwester zu erreichen. Nichts. Die lakonische Computerstimme verkündete erneut, zurzeit könnten keine Mitteilungen hinterlassen werden. Toll.

Wenigstens erwischte der Journalist einen Taxifahrer, der nicht daran interessiert war, ein intensives Gespräch über den Tabellenplatz von Eintracht Frankfurt oder das miese Wetter in Gang zu setzen. Am Horizont ragte der Fernsehturm in die Höhe.

Sebastian ließ sich direkt zur Wohnung seiner Mutter ins Nordend bringen. Dann stand er eine Zeit lang unschlüssig vor der Tür. Jana! Seiner Mutter ging es also schlecht. Es musste ihr sogar sehr schlecht gehen, wenn Vera das Wort „SOFORT" in Großbuchstaben hinzugefügt hatte.

„Komm nach Hause!" Der Journalist lief langsam vor dem Haus auf und ab. Unruhig und zunehmend bedrückt. Was sollte er hier? Dieser Ort war wohl kaum sein Zuhause. Schon lange nicht mehr. Er war sich nicht einmal sicher, ob es das Zuhause seiner Mutter war. Die hatte die meiste Zeit ihres Lebens in ihrer Gemeinde verbracht. Weltfremd. Und abgehoben: Halleluja. Jesus liebt dich. Na klasse!

Endlich holte Sebastian noch einmal tief Atem. Wie ein Klippenspringer vor dem Sprung. Dann drückte er den Klingelknopf. Es fühlte sich an wie in Zeitlupe.

Vera umarmte ihn stürmisch. Doch als sie sich wieder von ihm löste, entdeckte er die roten Ränder um ihre Augen.

„Erzähl schon: Was ist passiert?"

Seine Schwester winkte ihn herein. In den langen Flur mit den grau gemusterten Tapeten. Alles sah aus wie damals. Sie musste einmal schlucken, dann sagte sie zitternd: „Jana wird sterben. Der Arzt gibt ihr noch maximal zwei bis drei Wochen. Er kommt übrigens gleich noch mal vorbei, dann kann er dir alles genau erklären. Mensch, Sebastian, unsere Mutter."

„Na, dann ist sie ja endlich bei ihrem geliebten Herrgott. Der war für sie doch ohnehin immer das Allerwichtigste."

Als Sebastian Veras entsetzten Gesichtsausdruck sah, schämte er sich kurz, dachte dann aber: Wieso, es stimmt doch. Das war schließlich Sinn und Ziel ihrer Existenz. Sie kann sich freuen: Der Himmel wartet.

Vera zischte: „Sei bitte nicht so zynisch. Wir haben alle unsere Schwächen."

Sebastian nickte. „O ja, aber wir müssen nicht die ganze Menschheit daran teilhaben lassen … Tut mir leid, lass uns nicht streiten."

Seine Schwester zog ihn in die Küche und senkte noch einmal die Stimme: „Sie hat gesagt, dass sie dich unbedingt sprechen will. Darum habe ich dich angerufen, beziehungsweise eine SMS geschickt. Weil du mich weggedrückt hast."

Er knurrte: „Na, ist vielleicht besser so. Wer weiß, ob ich sonst gekommen wäre. Was will sie denn?"

„Keine Ahnung, rede mit ihr. Aber sei freundlich. Versprichst du mir das? Bitte!"

Es dauerte einen Moment, bis sich Sebastians Augen an das Halbdunkel gewöhnt hatten. Routiniert bemerkte er, dass das alte Ehebett seiner Eltern gegen ein modernes Krankenbett ausgetauscht worden war.

„Sebastian?" Die trockene Stimme klang fremd.

„Ja … ja, Jana, ich bin es. Ich komme direkt von der Adria … Es ging nicht schneller."

Er beugte sich zu seiner Mutter hinunter und drückte ihr einen flüchtigen Kuss auf die Stirn. „Was machst du denn für Sachen?"

„Schön, dass du gekommen bist. Ich habe nicht mehr viel Zeit, darum fasse ich mich kurz." Ihre Augen suchten seinen Blick. „Du weißt ja, dass ich mein Leben lang ein sehr gläubiger Mensch war …"

Der Journalist atmete hörbar aus. „Jana, bitte nicht!"

Über dieses leidige Thema hatten sie zu oft gestritten. Seine Mutter mit auswendig gelernten Bibelsprüchen, er mit Fakten. Mit 18 war Sebastian aus der Kirche ausgetreten. Nicht wegen des Geldes, sondern weil er dieser frömmelnden Frau zeigen wollte, dass ihre endlosen Predigten keine Macht mehr über ihn hatten.

Vorsichtig sagte er: „Mutter. Ich weiß, wie wohl du dich in deinen Traditionen mit ihren Orgelklängen und den alten Ritualen fühlst. Nur: Das ist nicht meine Welt. Mir gibt das nichts. Außerdem habe ich zu viel vom Leben gesehen, um noch glauben zu können. Aber ich freue mich für dich, dass du so eine starke Hoffnung hast …"

„Habe ich nicht!"

Schweigen füllte den Raum.

Lange.

Zu lange.

„Wieso? Was meinst du damit?"

Die Worte klangen brüchig, als müsse Jana jedes einzelne erst in sich suchen: „Also, ich habe die Hoffnung … nicht mehr. Sie ist weg. Auf einmal. Verstehst du: Ich habe meinen Glauben verloren. Hier, in diesem verdammten Sterbebett. Er ist verschwunden und ich finde ihn partout nicht mehr. Fast siebzig Jahre lang war ich mir so sicher, dass Gott mir nah ist. Und jetzt liege ich hier, der Tod klopft an meine Tür – und ich kann nicht mehr glauben … gar nichts mehr. Kein Albtraum könnte schlimmer sein."

Ihre Stimme wurde energischer, fast schon wütend: „Ich meine: Was ist, wenn ich die ganze Zeit einem Phantom nachgejagt bin? Einer Illusion? Einem Hirngespinst? Wenn ich mir nur etwas eingeredet habe? Oder habe einreden lassen? Dann werde ich nicht nur demnächst zu Staub zerfallen – dann war auch alles andere ein Irrtum. Alles, was ich gemacht und gedacht habe. Mein ganzes Dasein. Aus und vorbei. Dann könnt ihr auf meinen Grabstein schreiben: ‚Ein vergeudetes, verirrtes Leben'. Schrecklich. Nicht wahr?" Sie hustete. „Ich habe solche Angst, Sebastian, so unfassbar große Angst."

Sebastian stand auf, um den schweren Samtvorhang ein wenig aufzuziehen. Träge flutete das Licht herein. „Ich wünschte, ich könnte dir helfen, Jana. Aber … aber du weißt ja, dass du damit bei mir an der falschen Adresse bist. Spätestens seit all den Missbrauchsskandalen in der Kirche weiß ich, woher mein Misstrauen gegenüber diesem … verlogenen, vertrockneten Haufen kommt. Trotzdem: Es tut mir aufrichtig leid für dich. Ich konnte nie glauben wie du – aber ich habe gesehen, welche Kraft du aus der Religion gezogen hast. Auch … auch wenn ich mir gewünscht hätte, du hättest diese Kraft weniger für Waisenkinder in Ruanda und Rumänien als für uns eingesetzt."

Er setzte sich auf die Bettkante und nahm Janas Hand. „Du musst deinen Frieden eben anders finden. Und ich fürchte, dabei kann dir niemand helfen …"

Die Mutter hob ihren Kopf an. Mühsam. Dann stieß sie drei Worte hervor: „Doch! Du kannst!"

„Ich? … Wie kommst du denn darauf?"

„Ja, du. Ich möchte … ja, ich möchte, dass du für mich herausfindest, ob ich … zu Recht an Gott geglaubt habe oder nicht. Ob ich all die Jahre falschlag – oder ob ich gerade dabei bin, aus nackter Todesangst das Beste, was es in meinem Leben gab, über Bord zu werfen."

Sebastian rutschte nach hinten. „So ein Unsinn. Wie soll das denn gehen?"

Verzweiflung mischte sich in Janas Worte. „Keine Ahnung. Du bist doch der Journalist. Und ein ‚echt guter‘, wie du immer verkündest. Zeig mir, wie gut du bist. Du hast ungefähr zwei Wochen Zeit, für mich die Wahrheit herauszufinden. Sagt jedenfalls der Arzt."

„Jana. Das … äh … geht nicht. Ich kann nicht. Ich fliege in drei Tagen nach San Francisco, um Dean Karnazes zu interviewen. Das ist ein echt starker Typ, ein Ultramarathonläufer. Er hat die ‚North Face Endurance‘ geschafft – 50 Marathonläufe an 50 aufeinanderfolgenden Tagen in

50 US-Bundesstaaten. Wahnsinn. Außerdem ist er kürzlich 560 Kilometer am Stück gelaufen, in 80 Stunden. Ich glaube, das gab es vorher noch nie in der Weltgeschichte. Ich musste Ewigkeiten auf diesen Termin warten ..."

Er stockte. Seine Mutter hatte die Hand gehoben. Gebieterisch. Wie früher.

„Sebastian! Was bekommst du für den Auftrag?"

„Was? Keine Ahnung ... Ich schätze: Wenn ich drei bis vier Geschichten für Magazine daraus mache, vielleicht ... 3.500 Euro. Wenn ich Glück habe 4.500."

„Ich zahle dir das Doppelte."

„Wie bitte?"

„Ja, wenn du den letzten Wunsch deiner Mutter nicht aus Liebe oder Freundschaft erfüllen willst, dann vielleicht, weil ich mehr bezahle als deine Auftraggeber ... Sebastian, es geht nur um zwei Wochen. Bitte investiere zwei Wochen deines Lebens, damit ich in Ruhe gehen kann. Ich muss es einfach wissen. Sonst werde ich nicht in Frieden sterben ... Hilf mir, meinen Glauben wiederzufinden. Bitte!"

Sebastian klopfte nervös auf die Bettdecke. „Wieso ich? Wieso gerade ich? Das ist doch absurd. Außerdem: Was machst du, wenn ich dir am Ende bestätigen muss, dass du dich geirrt hast? Ganz und gar. Wäre es das wert?"

Jana senkte den Blick. „Das weiß ich nicht. Aber das Schlimmste für mich ist, hier so hilflos herumliegen zu müssen. Ich habe die Dinge immer in die Hand genommen. Mein Leben lang. Und wenn ich könnte, würde ich sofort selbst losstürmen, um meinen widerwärtigen Zweifeln auf den Grund zu gehen. Aber ich kann nicht mehr. Deshalb sollst du für mich ... Sebastian!"

Der Journalist sah nichts, aber er war genügend traurigen Menschen begegnet, um zu spüren, dass Jana weinte.

Nach einer Weile flüsterte sie: „Es geht ... um so viel. Weißt du: Ich habe mein Leben lang an Wunder geglaubt. Und Jesus sagt sehr deutlich: ‚Euch geschehe, wie ihr glaubt.‘ Wer weiß, vielleicht werde ich ja gesund, wenn ich nur wieder glauben kann. Vielleicht kannst du mein Leben retten ...“

Erneutes Schluchzen.

„Mutter, hör auf damit. Setz mich nicht unter Druck. Ich ... ich mach es ja. Dann muss Dean Karnazes eben warten. Aber ... wohl ist mir nicht dabei.“

Als Sebastian das Zimmer verließ, ging er zu schnell.

Als sei er auf der Flucht.

Wir suchen die Wahrheit,
finden wollen wir sie
aber nur dort,
wo es uns beliebt.

Marie von Ebner-Eschenbach (1830–1916)

Es ist ein Nierenzellenkarzinom. Früher hat man dazu auch Hypernephrom gesagt. Aber das trifft es nicht so ganz. Unglücklicherweise ist Ihre Mutter viel zu spät zu mir gekommen. Was ich gar nicht verstehe. Sie muss seit längerem Blut im Urin gehabt haben.

Dr. Heine rückte den Küchenstuhl zurecht und schaute Sebastian fragend an. Doch der zuckte nur mit den Schultern.

„Fragen Sie mich nicht. Meine Mutter hat wohl immer geglaubt, ihr Herrgott würde das schon alles regeln. Na, Pustekuchen. Jetzt liegt sie da. Ich fürchte, genau dieser Schock hat sie plötzlich in ihre massiven Selbstzweifel gestürzt. Sie ist todkrank – und Gott war … Gott ist nicht da, um ihr zu helfen." Der Journalist hob den Kopf. „Wie lange hat sie noch?"

Dr. Heine zögerte. „Zwei Wochen. Vielleicht drei. Ich habe Ihrer Mutter gesagt, dass es da ein relativ neues Medikament gibt, ‚Avastin', das wahrscheinlich noch mal einige Wochen rausholen würde. Aber das kostet mehrere Tausend Euro im Monat. Und … sie wollte auch nicht. Eins ist jedenfalls klar: Für eine Operation ist es viel zu spät. Und mit Bestrahlungen oder Chemotherapie würde

ich in diesem Stadium auch nicht mehr anfangen. Aber …
Sie können gerne noch die Meinung eines anderen Arztes
einholen …"

Sebastian war aufgesprungen. „Verflucht. Jetzt kostet ihr
dämlicher Glaube sie auch noch das Leben."

Der Arzt zuckte zusammen, merkte dann aber, dass Sebastian nicht auf ihn wütend war.

Der Journalist dagegen wurde immer erregter. „Nur
weil sie nicht rechtzeitig zur Vorsorge gegangen ist. ‚Jesus
hat alles in der Hand. Gott behütet seine Schäfchen.' Na,
ihre Nieren offensichtlich nicht. Und jetzt soll ich dieser
Frau in zwei Wochen einen Gottesbeweis ranschaffen. So
ein Scheiß."

Vera und Dr. Heine schauten ihn verblüfft an.

„Ja, deswegen hat sich mich hierher einbestellt. Ich soll,
bitteschön, in der ihr verbleibenden Zeit recherchieren, ob
an ihrer Religion was dran ist oder nicht. Weil sie urplötz-
lich nicht mehr glauben kann. Super, oder?"

Um die Mundwinkel des Mediziners zuckte der Anflug
eines Lächelns. „Ich sage immer: Hilf dir selbst, dann hilft
dir Gott. Ich meine: Wie stellt Ihre Mutter sich das denn
vor? Seit Jahrtausenden suchen die klügsten Köpfe der
Menschheit nach Gottesbeweisen. Und bis heute haben sie
keinen gefunden. Jedenfalls keinen, der einer aufgeklärten
Logik standhalten würde. Also ganz ehrlich: Da werden
Sie in den nächsten zwei Wochen nicht so wahnsinnig viel
erreichen. Na, obwohl: In Amerika gibt es ja angeblich einige Studien, die belegen, dass gläubige Patienten länger
leben und schneller gesund werden als nicht gläubige. Und
so weiter. Ich wäre ja froh, wenn das alles stimmen würde,

vermute aber, dass da doch eher der Wunsch der Vater des Gedankens ist. Man kennt das ja von den Amerikanern. Nun, ich sag immer: Wenn es hilft, warum nicht? Ich persönlich halte mich trotzdem lieber an die Wissenschaft."

„Und das heißt was?" Sebastian starrte den Arzt missmutig an.

„Was mich anbetrifft, bin ich … sagen wir mal: religiös unmusikalisch. So hat das der Soziologe Max Weber bezeichnet. Ich mag Kirchen und sakrale Kultur. Sehr sogar. Aber Glauben – das ist nichts für mich. Als Mediziner halte ich mich lieber an messbare Zahlen: Blutdruck, Temperatur, Hormonspiegel, Symptome, Tumormarker, Genome, Medikationen und so weiter. Was man nicht sehen und nicht beweisen kann, das überlasse ich den Träumern. Zumindest mache ich mir darüber keine Gedanken. Und unter uns: Es lebt sich auch ohne Gott ganz gut."

Sebastian lehnte sich an den Geschirrspüler. „Vielleicht sogar besser, wenn ich mir meine Mutter so anschaue. Aber, Beweise hin, Beweise her: Sie erleben doch bestimmt auch ab und an … nun, Heilungen, die sich nicht erklären lassen?"

Dr. Heine hob die Hand. „Na ja, Heilungen, die sich *noch* nicht erklären lassen. Sehen Sie, jeden Tag werden in Laboratorien auf der ganzen Welt neue wegweisende Entdeckungen gemacht. Und viele dieser aktuellen Forschungsarbeiten erklären heute etwas, das man gestern noch nicht erklären konnte. Wir sind seit einigen Jahrzehnten dabei, die letzten Geheimnisse des Lebens zu lüften. Wir begreifen zum Beispiel gerade ganz neu, wie sehr die Prozesse im Körper mit Energie zu tun haben. Überaus spannend. Und, Überraschung: Zu keinem dieser Geheimnisse braucht es überirdische Mächte ..."

Vera fiel ihm ins Wort. „Aber man kann doch nicht alles mit Zahlen und Fakten erklären. Was ist denn das für eine Einstellung? Meine Mutter hat sich zum Beispiel leidenschaftlich in karitativen Aufgaben engagiert. Aus ihrem Glauben heraus ..."

Der Mediziner schüttelte den Kopf. „Na und? Es gibt auch die ‚Ärzte für die Dritte Welt', da helfen Kolleginnen und Kollegen von mir den Ärmsten – und zwar ohne religiösen Hintergrund. Einfach so. Aus Menschenliebe, Humanismus oder Mitleid. Nein, zum Gut-Sein braucht man keine Religion. Und wenn ich mir andererseits angucke, welche schrecklichen Verbrechen im Namen Gottes begangen wurden, dann weiß ich nicht, ob die Bilanz des Christentums unterm Strich tatsächlich positiv ausfällt. Möglicherweise halten sich da Heil und Unheil schlicht die Waage. Kreuzzüge, Hexenverbrennungen, Inquisition, na, danke. Historisch gesehen ist die Kirche doch nicht wirklich ein Erfolgsmodell."

Sebastians Schwester war unruhig geworden. „Meine Mutter hat ihr ganzes Dasein auf ihrem Glauben aufgebaut. Und ja ... sie hat dabei auch einiges falsch gemacht. Aber ich habe sie immer als einen starken Menschen erlebt. Einen sehr starken sogar. Und wenn ich jetzt dieses Häufchen Elend sehe, dann wünsche ich ... ja, dann wünsche ich ihr ihren Glauben zurück."

„Warum?"

Die Frage des Mediziners stand einen Augenblick im Raum. Störend.

Dann fügte er hinzu: „Früher haben sich die Menschen immer aus Angst vor der Hölle schnell noch auf dem Sterbebett bekehrt. Das habe ich selbst erlebt, damals bei meiner Famulatur in den frühen Achtzigern. Und Ihre Mutter macht es eben andersherum. Sie ‚entkehrt' sich. Na und? Warum soll ein Mensch nicht am Ende seines Daseins erkennen, dass er jahrzehntelang einem Irrtum aufgesessen ist? Natürlich schmerzt das. Aber lieber so, als dumm sterben. Bitte verstehen Sie mich nicht falsch, aber man kann die Erkenntnis Ihrer Mutter auch als Fortschritt verstehen. Das ist doch eigentlich etwas Gutes. Oder wollen Sie ernsthaft die nächsten zwei Wochen damit zubringen, einem Phantom wie dem ‚Glauben' nachzujagen?"

Er lachte trocken. „So wie in dem Märchen ‚Von einem, der auszog, das Fürchten zu lernen'. Sie wären dann ‚Einer, der auszog, das Glauben zu lernen'. Sehr erheiternde Vorstellung. Wobei ich sicher bin: Sie stünden höchstwahrscheinlich am Ende genau so klug da wie jetzt … Ich sag Ihnen mal meine persönliche Meinung – auch wenn die wirklich keiner teilen muss: Für mich bleibt Glauben letztlich doch ‚Opium des Volkes', wie Karl Marx sagte. Sollen sich ängstliche Gemüter doch die Realität vernebeln. Ich finde: Realisten brauchen keine Drogen. Und mit dem Tod sind dann auch alle Schmerzen weg. Ich sehe als Arzt fast jede Woche Menschen sterben. So ist das nun mal. Ich hätte Ihrer Mutter natürlich gern auch noch ein paar Jährchen gegönnt. Aber irgendwann müssen wir alle gehen. Mit oder ohne Glauben. Ich rate Ihnen deshalb eindringlich: Begleiten Sie Ihre Mutter auf diesem letzten Stück Weg, indem Sie bei ihr bleiben und sie trösten. Davon hat sie mehr als von solch sinnlosen Recherchen."

Sebastian schwieg. Dann verabschiedete er den Arzt und schloss die Tür hinter ihm. Etwas zu laut.

Vera legte ihm die Hand auf die Schulter. „Und, Sebastian? Was wirst du jetzt tun?"

Er schüttelte sich. Dann umarmte er seine Schwester. Das erste Mal seit vielen Jahren. Ruhig sagte er: „Ich werde anfangen zu recherchieren. Für Jana. Und weil mir die Einstellung dieses Typen irgendwie nicht gefällt. ‚Lieber so, als dumm sterben.' Was für ein abstoßender Satz. Das ist mir alles zu … zu diesseitig … zu hoffnungslos … ach, was weiß ich. Nur weil er keinen Glauben hat, muss er doch nicht schon die Suche danach niedermachen. Ich fürchte, das ist einer von denen, die irgendwann nicht mehr von einem kranken Menschen sprechen, sondern nur noch von der ‚Niere auf Zimmer 215'. Weißt du: Mama hat ihren Glauben gebraucht, und ich bin es ihr schuldig, dass sie nicht haltlos von uns geht. Trotz allem."

Fast unhörbar murmelte Vera: „Danke!"

Nachdem Sebastian in sein Haus in Ginnheim gefahren war, geduscht und sich umgezogen hatte, setzte er sich mit einer großen Tasse Kaffee an den Schreibtisch. Obwohl er noch immer müde war, spürte er auf einmal das wohltuende Kribbeln, das ihn auch sonst jedes Mal überkam, wenn er sich einer neuen Geschichte zuwandte. Recherche. Informationen finden, verstehen und zusammenfügen. Wie ein großes Puzzlespiel. Bis das Ganze am Ende ein Bild ergibt.

„Ich muss das Ganze angehen wie eine Story für ein Magazin. Ich brauche Fakten. Ich brauche … na, so etwas wie Augenzeugen … Ich brauche Hintergründe und Erfahrungsberichte … Ich muss denken wie ein Enthüllungsjournalist."

Als Autor hatte Sebastian sich angewöhnt, beim Denken laut zu sprechen. Zumindest dann, wenn er allein war. Während es draußen langsam dunkel wurde, notierte er auf einem großen Block: „Was ist Glauben? Gibt es Gott? Kann man ihn beweisen? Ist das mit dem Glauben wahr? Was ist überhaupt die Wahrheit des Glaubens?"

Die dringlichste Frage lautet allerdings: Würde es seiner Mutter irgendetwas helfen, wenn er Statistiken, Zahlen und historische Daten über Glaubensgemeinschaften und die christliche Religion sammeln würde? Natürlich nicht. Niemand fängt an zu glauben, nur weil schon Millionen anderer Menschen geglaubt haben. Oder vielleicht doch?

Nein, seine Mutter besaß all diese Informationen schon lange. Sie kannte sich darin wahrscheinlich besser aus als die meisten Menschen in Deutschland. Und sie kannte auch die wesentlichen Stellen der Bibel. Viele sogar wörtlich. Eine erneute theologische Begründung des Glaubens wäre für sie deshalb auch nur eine ermüdende Wiederholung. Aber was dann? Was hilft einem Menschen, der alles über den Glauben weiß, aber seinen Glauben verloren hat? Der einfach nicht mehr glauben kann?

Sebastian schaute aus dem Fenster und beobachtete einen rötlichen Vogel, der auf dem Rasen nach Nahrung suchte. Im Schein einer der Energiesparlampen, die fahl im Gras hockten.

Oder ging es hier in Wirklichkeit um etwas ganz anderes? Wenn seine Mutter schlichtweg Angst vor dem Tod hatte – sollte er dann nicht lieber darüber recherchieren? Über das Sterben? Da gab es doch diesen … Moody, oder so. Richtig, Raymond Moody, einen Arzt, der lauter Bücher über Nahtoderfahrungen veröffentlicht hatte. Sahen die Leute nicht alle an der Schwelle zum Tod helle Lichter? Ja, lange Tunnel und gleißende Lichter. Die Menschen freuten sich fast aufs Sterben, oder? Andererseits: Da konnte er auch direkt in ein Hospiz gehen und sich von den Pflegerinnen erzählen lassen, was beim Sterben passiert … Und: Hatte es da nicht schon vor längerer Zeit Studien gegeben, die bestätigten, dass Menschen eine Seele haben?

Mist. Das alles führte nicht zum Ziel. Leicht bissig fragte der Journalist seinen Schreibtisch: „Was würde ich machen, wenn ich nicht für meine Mutter, sondern für mich die Wahrheit des Glaubens erforschen wollte? Tja, was? Na, wahrscheinlich würde ich vier Wochen nach Santiago de Compostela pilgern. Probieren zurzeit ja alle aus. Laufen und beten. Beten und laufen. Schließlich ist selbst Hape Kerkeling dabei Gott begegnet. Behauptet er jedenfalls. Das wäre nicht schlecht. Oder: Ich würde in ein Kloster gehen. Abgeschieden und spartanisch. Einfach mal einige Tage oder Wochen zur Ruhe kommen und gucken, ob es im Himmel einen gibt, der mir antwortet. Das Dumme ist nur: Das alles kostet Zeit. Viel Zeit. Und die habe ich nicht. Nein, meine Mutter hat sie nicht.

Also, noch mal langsam: Was macht man, wenn man nur wenige Tage hat, aber herausfinden muss, was am

Glauben dran ist? Nein, nicht ‚man' – ich. Was mache ich? Was macht ein guter Journalist? Konzentrier dich! Nun: Er redet mit Betroffenen! Gut. Wer ist vom Glauben betroffen? Na ja, Pfarrer zum Beispiel. Eremiten. Nonnen. Wanderprediger. Wunderheiler. Solche Leute eben. Die müssen doch klare Gründe benennen können, warum sie glauben. Und sie müssen Beweise dafür haben, dass der Glauben in ihrem Leben funktioniert. Sonst würden sie ja wohl nicht glauben."

Am dunklen Horizont zog das Blinklicht eines Passagierflugzeugs vorbei, das im Gegenanflug auf die Landebahn 25 über Frankfurt schwebte.

Sebastian stand jetzt so nah an der Scheibe der Terrassentür, dass er deren Kälte fühlte. „Ich fang mit einem Pfarrer an. Aber … aber nicht dem von meiner Mutter. Sie hat schließlich vor einiger Zeit erzählt, dass der alte Geistliche ihrer Gemeinde zu seiner Schwester in die Schweiz gezogen ist und dass sie mit dem neuen nicht viel anfangen kann. Der ist ihr zu oberflächlich. Vielleicht hat das ja ebenfalls zu ihrer Krise beigetragen. Egal. Jedenfalls werde ich all diesen Leuten mal auf den Zahn fühlen."

Mit einem Griff nahm der Journalist das Telefonbuch von dem kleinen Beistelltischchen und schaute unter „Kirche". Dann schloss er die Augen, deutete blind mit dem Daumen auf einen Eintrag und notierte sich die Adresse.

„Gut, dass morgen Sonntag ist. Da kann ich gleich in den Gottesdienst gehen und schauen, ob ich dort dem Geheimnis des Glaubens auf die Spur komme."

Anschließend lag Sebastian noch lange wach. Wahrscheinlich wegen des späten Kaffees. Vielleicht aber auch

wegen dieser bescheuerten Aufgabe. Die Wahrheit herausfinden. Über den Glauben. Natürlich war das eine Heraus-
forderung für einen neugierigen Reporter. Trotzdem …
Irgendwie eine völlig abstruse Idee. Was sollte dabei schon
herauskommen?

Hoffentlich habe ich heute Nacht keine geistlichen Vi-
sionen. Oder Träume von Klippenspringern, die von einer
Orgel-Empore hüpfen und in gigantischen Taufbecken
landen, dachte Sebastian, nachdem er noch das Nachtma-
gazin geschaut hatte.

Aber wenig später schlief er tief und fest.

Wir sind immer auf dem Weg.
Wir müssen verlassen,
was wir kennen und haben –
und suchen,
was wir noch nicht kennen und haben.

Martin Luther (1483–1546)

Kurz vor zehn stellte der Journalist seinen metallic-blauen BMW-Kombi mit dem auffälligen *Presse*-Schild in einer Seitenstraße ab und lief auf die Kirche zu. Die Glocken fingen gerade an zu läuten, doch in dem leichten Nieselregen klangen sie seltsam melancholisch. Ding. Dong. Ding. Dong. Ding …

Sebastian gähnte verstohlen. „So, und was mache ich jetzt hier? In Offenbach?"

Erst als er am Morgen zu Hause die Adresse ins Navi eingegeben hatte, war ihm klar geworden, dass sein Zufallstreffer eine Gemeinde auf der anderen Mainseite war. In dem Ort, der allen echten Frankfurtern seit Jahrhunderten einen Schauer über den Rücken laufen ließ: Offenbach. Die Bronx von Hessen, wie böswillige Gemüter gerne behaupteten.

Und jetzt lag diese Kirche auch noch am äußersten Stadtrand, kurz vor der Ackerkante. Na gut, er musste ja wahrlich nichts auf diese uralten Stammesfeindschaften geben. Vielleicht war es sogar gut, wenn er nicht direkt in Frankfurt mit seiner Recherche anfing.

Der gedrungene Turm des Ensembles hatte ein leicht verdrehtes Metallkreuz auf der Spitze und stand etwas separiert, während das eigentliche Kirchengebäude eines jener grauen Sechziger-Jahre-Beton-Ungetüme war, das man im 21. Jahrhundert nicht wirklich gerne betrat. Nun denn. Er war ja nicht zum Vergnügen hier.

Im Foyer hielt ihm ein freundlicher, älterer Herr ein Gesangbuch entgegen. Und ehe Sebastian nachgedacht hatte, fragte er den Mann: „Was gibt Ihnen eigentlich die Gewissheit, dass Ihr Glaube wahr ist?"

Der Alte starrte ihn durch seine rot umrandete Gleitsichtbrille verdutzt an: „Wie bitte?"

„Ja, ich meine: Entschuldigen Sie, dass ich so mit der Tür ins Haus falle, aber ich würde gerne wissen, aufgrund welcher Fakten Sie überhaupt glauben. Nur ganz kurz."

Noch immer wirkte sein Gegenüber verwirrt. Endlich sagte der Bücherverteiler: „Jetzt beginnt gleich der Gottesdienst. Aber … wenn Sie mich so fragen … also … ganz kurz: Mein Glaube gibt mir … Trost und Kraft. Ich finde darin Halt. In den Traditionen, den Symbolen, den Geschichten der Bibel …"

„Ja, aber was gibt Ihnen die Gewissheit, dass das nicht alles nur Rituale sind? Ein wohliger Kult? Ein weltweiter Kuschelclub? Ein Verein mit Heiligenschein? Also: Woher wissen Sie, dass Sie sich das nicht nur einbilden?"

Der Mann lächelte unsicher. Verlegen. „Ich bin sicher, dass unser Pfarrer Ihnen all Ihre Fragen gerne beantworten wird."

Dienstbeflissen wandte er sich einer Dame zu, die hinter Sebastian durch die Tür getreten war, und reichte ihr ebenfalls ein Gesangbuch.

Neugierig geworden setzte sich der Journalist in eine der hölzernen Bankreihen. Wieso konnte dieser Mann nicht genau sagen, warum er glaubte? Trost und Kraft! Also doch so etwas wie eine Droge. Wahrscheinlich mit ähnlichen Risiken und Nebenwirkungen.

Es ging los.

Sebastian kannte das Kirchenlied, das nach dem Orgelvorspiel gesungen wurde, nicht, stellte aber als schreibender Mensch erstaunt fest, wie sehr ihn die Sprache berührte. Oder besser gesagt: erschreckte. Vielleicht war sogar „verärgerte" das richtige Wort.

Jesu, hilf siegen, du Fürste des Lebens,
sieh, wie die Finsternis dringet herein,
wie sie ihr höllisches Heer nicht vergebens
mächtig aufführet, mir schädlich zu sein.
Satan, der sinnet auf allerhand Ränke,
wie er mich sichte, verstöre und kränke.

Merkwürdig. Fremd. Aus einer anderen Zeit. Nein, fast schon wie aus einer anderen Welt. Immerhin, die fünfte Strophe des Liedes sprach konkret die Probleme seiner Mutter an:

Jesu, hilf siegen. Wenn alles verschwindet,
und ich mein Nichts und Verderben nur seh,
wenn kein Vermögen zu beten sich findet,
wenn ich vor Angst und vor Zagen vergeh,
ach Herr, so wollst du im Grund der Seelen
dich mit dem innersten Seufzen vermählen.

Nun. Erstens war dieser Text inhaltlich völlig absurd. Wenn jemand nicht mehr beten kann, dann singt er doch auch kein Gebet. Und ein Text, der sich an Jesus wendet, ist ein Gebet. Oder nicht? Außerdem war die Sprache unzumutbar. Eine linguistische Katastrophe. Für ihn zumindest. Vielleicht fand jemand anderes in diesen mittelalterlichen Formulierungen etwas Erhabenes, für Sebastian war das alles irritierend.

Außerdem hatte er normalerweise keineswegs das Gefühl, dass die Finsternis ihr höllisches Heer „mächtig aufführte", um ihm schädlich zu sein. Im Gegenteil: Es gab kaum ein interessanteres Leben als das seine. Bewegende Reportagen über großartige Menschen zu schreiben, die außergewöhnliche Taten vollbrachten, gab ihm eine tiefe Befriedigung. Hätte man ihn gefragt, er hätte sofort geantwortet: „Ich lebe gerne." Und wie!

Da war es also wieder oder immer noch: das Einschüchtern der Gläubigen mit wüsten Höllendrohungen. Um dann gnädig die Erlösung zuzusprechen. Zeigefinger-Theologie. Aber er, er wollte sich nicht einschüchtern lassen – und auch seine Mutter, die dieses Lied oder ähnlich

Text: Johann Heinrich Schröder 1695;
Musik: Jesus ist kommen, Grund ewiger Freude

abscheuliche Zeilen garantiert jahrzehntelang mitgesungen hatte, suchte inzwischen Antworten in ihrer Sprache, nicht im Idiom einer untergegangenen Zeit.

„So wollst du dich mit dem innersten Seufzen vermählen." Eine derartige Zeile müsste er mal dem Redakteur eines der Hochglanz-Magazine vorlegen, für die er schrieb. Das wäre garantiert sein letzter Auftrag für diese Zeitschrift. Danke – und tschüss: „So wollst du fortan arbeitslos seufzen."

Sebastian musste schmunzeln, als ihm der Ratschlag eines älteren Kollegen einfiel, der immer betonte: „Jemand, der sich nicht klar und verständlich ausdrücken kann, hat auch keine klaren Gedanken."

Traf das auf die Kirche zu?

Inzwischen hatte sich der Pfarrer, ein übergewichtiger Bartträger mit aufgedunsenem Gesicht, durch kraftlos wirkende Wechselgesänge gekämpft. Altehrwürdige liturgische Formulierungen, bei denen Sebastian zwar feststellte, dass die Gemeinde sie offenbar alle kannte, dass er als Gast aber keine Chance hatte einzustimmen. Andererseits: Warum hätte er das auch tun sollen? Er glaubte das ja alles sowieso nicht.

„Ehr' sei dem Vater und dem Sohn …"

Es wäre eine Lüge gewesen, wenn er mitgesungen hätte. So wie der Pfarrer eindeutig die Unwahrheit verkündete, als er sagte: „Wir wollen beten!" Sebastian wollte nicht. Er war aus einem ganz anderen Grund hier: Er wollte Antworten finden. Auf die Fragen seiner Mutter. Aber das Gottesdienstritual war scheinbar nicht darauf ausgerichtet, Antworten zu geben, es setzte die Übereinstimmung mit den sakralen Inhalten grundsätzlich voraus. Erstaunlich.

Na, nun kommt die Predigt. Mal sehen, dachte der Journalist, als der Pfarrer die Kanzel betrat.

Der Theologe las einen Bibeltext vor, in dem wiederum Jesus eine Geschichte erzählte. Von einem Hirten mit 100 Schafen, der einem verlorenen Schaf hinterherläuft und dafür die 99 anderen zurücklässt.

Sebastian zog die Augenbrauen hoch. Nicht gerade clever. Wenn der Typ zurückkommt, sind die 99 übrigen auch weg.

Er hatte mal vor Jahren einen schrulligen Schäfer interviewt, der ihm beschrieben hatte, wie schnell eine Herde davonlaufen kann, wenn ihr Hirte nicht aufpasst. War da nicht neulich sogar eine Schafherde auf die ICE-Trasse gerannt? Wegen der Achtlosigkeit des Schäfers? Keine wirklich vorbildliche Geschichte.

Schluss mit dem Sarkasmus! Er musste diesem Prediger eine Chance geben. Außerdem: Irgendwie war seine Mutter ja auch so eine Art verlorenes Schaf – wie in diesem Gleichnis. Sie hatte ihre Herde und den Hirten verloren. Aber was konnte er ihr sagen? Dass der Hirte schon kommen würde? Dann sollte Jesus sich beeilen. Viel Zeit blieb ihm nämlich nicht mehr.

Der Mann auf der erhöhten Holzkanzel war keineswegs unbegabt. Zumindest was die Präsentation anging. Sebastian hörte aufmerksam zu. Allerdings stellte der Pfarrer viele rhetorische Fragen. Zu viele. Und als er wieder einmal sagte: „Kennen wir nicht alle dieses Gefühl, verloren zu sein?", da rief Sebastian laut aus seiner Bankreihe: „Nein!"

Alle Augen richteten sich auf ihn. Verblüfft. Nur im Blick des Pfarrers zeigte sich eine deutliche Unruhe. „Entschuldigen Sie, wie meinen Sie das?"

Sebastian erhob sich. „Nun, Sie haben eine Frage gestellt und ich habe sie beantwortet. Sie haben gefragt, ob wir das Gefühl des Verlorenseins kennen. Und ich kann von mir sagen: Ich kenne Einsamkeit, Versagensängste, Traurigkeit und Enttäuschung. Das ja. Aber Verlorensein. Nein. Zumindest hatte ich noch nie das Bedürfnis, von jemandem gefunden zu werden. Ich finde alleine heim. Das war es schon."

Erstaunlicherweise schien der Pfarrer Gefallen an dem Spiel zu finden, nachdem er gemerkt hatte, dass hier kein Störenfried seinen Gottesdienst sabotieren wollte. „Sind Sie niemals als Kind von Ihrer Mutter oder Ihrem Vater getrennt worden?"

Der Journalist nickte. „Doch, aber da wurde ich dann im ‚Kaufhof' ausgerufen: ‚Der kleine Sebastian sucht seine Mutter.' Die hatte allerdings noch gar nicht bemerkt, dass ich weg war."

Der bärtige Mann im Talar zog die rechte Schulter vor. „Na ja. Trotzdem haben Sie sich wahrscheinlich als Kind in diesem Moment ziemlich verloren gefühlt. Und jetzt stellen Sie sich vor, Sie wären nicht im ‚Kaufhof', sondern im Wald gewesen. Dann könnten Sie mit dem Bild von einem Menschen, der alles tut, um Sie zu finden, wahrscheinlich doch etwas anfangen …"

Sebastian zog einen imaginären Hut und setzte sich wieder. Nicht schlecht, der Typ. Allerdings brachten ihn solche Wortgeplänkel auch nicht weiter. Ja, er hatte sich als Kind auch schon mal verloren gefühlt. Na und? Heute fühlte er sich nicht mehr verloren. Seine Mutter, die fühlte sich verloren. Aber der brachte es auch nichts, dass Jesus vor 2.000 Jahren eine nette Geschichte von einem guten Hirten erzählt hatte. Das Gleichnis sprach eine urmenschliche Sehnsucht nach Geborgenheit an. Aber es war kein Beweis. Für nichts. Höchstens dafür, dass das Christentum nach wie vor von kindlichen Gemütern ausging.

Nach dem Gottesdienst kam der Pfarrer direkt auf Sebastian zu und schüttelte ihm die Hand. Auf seinem Beffchen leuchtete ein kleiner rosa Fleck.

„War gar nicht schlecht, Ihr Einwurf. Danke. Und die Geschichte mit dem verlorenen Kind, also Ihre Geschichte, hat das Gleichnis Jesu sehr treffend veranschaulicht."

Der Journalist wiegte den Kopf. Ein wenig misstrauisch. „Ich weiß nicht. Ich meine: Was mache ich jetzt damit? Ist das mit dem Hirten denn wahr oder ist es nur eine schöne Geschichte?"

Verwunderung machte sich im geröteten Gesicht des Theologen breit. „Also, ich würde sagen, sie ist wahr."

„Und können Sie das irgendwie beweisen?"

„Na, Sie werden mir doch zustimmen, dass es eine uralte Sehnsucht der Menschen gibt, gefunden zu werden. Und dieses Gleichnis macht anschaulich, dass Gott die Antwort auf diese Sehnsucht ist. In ihrer ganzen Menschlichkeit ist sie auf jeden Fall wahr."

Sebastian trank einen Schluck von dem Kaffee, den ihm eine ältere Dame in die Hand gedrückt hatte. „Ja, aber das ist doch ... mit Verlaub, Quatsch. Dann ist die Geschichte genauso wahr und richtig wie der ‚Regenbogenfisch‘, ‚Frederik, die Maus‘ oder ‚Swimmy‘ – ja, selbst ‚Spiderman‘ oder ‚Casablanca‘ haben eine Botschaft. Ich meine: Das sind alles Geschichten, die etwas Kluges über das Leben sagen. Aber wenn die Bibel nicht mehr zu bieten hätte als allgemeine Ratschläge, wäre das doch ein bisschen wenig. Oder? Also: Ich brauche etwas Handfestes. Und ich habe nicht viel Zeit.“

„Wissen Sie was“, sagte der Pfarrer, „kommen Sie einfach kurz mit rüber ins Pfarrhaus. Da können wir in Ruhe reden.“

Sebastian erzählte dem Mann von seiner Suche nach der Wahrheit des Glaubens. Auch von seiner Mutter. Aber das war ihm sehr unangenehm. Was ging das diesen Unbekannten an?

Irgendwann sagte der Geistliche: „Ich bin der festen Überzeugung, dass der Glaube, die Religion, wenn Sie so wollen, die Gesellschaft besser macht, dass er sie gewissermaßen veredelt ...“

„Mit relativ gemischten Ergebnissen, finden Sie nicht?“

Der Pfarrer sprach einfach weiter: „Also: Religion kommt von ‚religere‘ – ‚sich an etwas binden‘. Der Glaubende bindet sein Leben an höhere Werte – und hat dadurch einen weiteren Horizont. Er schaut nicht nur auf sich selbst, sondern auf Gott. Das lässt ihn bewusster und selbstloser handeln. Denn man lebt anders, wenn man glauben kann, dass alles seine Ordnung hat. Und dass diese Ordnung gut und gewollt ist ...“

Diesmal ließ Sebastian sich nicht abhalten. „Augenblick mal. Dann ist das Christentum also zuallererst ein Erklärungsmodell für die Welt. Ein Versuch, die vielen losen Enden des Daseins zusammenzufügen."

„Ja, so könnte man das sagen. Wenn man es positiv meint. Bei Ihnen höre ich da aber Kritik mitschwingen."

„Und wie! Woher weiß ich denn, ob dieses Modell die Wahrheit ist?"

„Nun, ganz einfach", erwiderte der Pfarrer, „weil es funktioniert. Es stimmt, dass die Existenz eines Menschen erfüllter und sinnvoller ist, wenn er sich, die Welt, seine Mitmenschen und Gott, das sinnstiftende Prinzip, bejahen kann. Wenn er Gott und seinen Nächsten lieben kann wie sich selbst. So hat Jesus das ausgedrückt."

„Na, das heißt aber, dass das Prinzip, also dieses Welterklärungsmuster, nur so lange gilt, bis jemand ein Besseres findet …"

„Glauben Sie mir: Es gibt kein Besseres …" Die Augen des Pfarrers weiteten sich. „Aber natürlich menschelt es auch in der Kirche überall …"

Sebastian lachte. „Sprich: Wenn die Leute nur richtig glauben würden, dann wäre alles perfekt."

Sein Gegenüber nickte. „Im Prinzip ja. Nur gibt es zum Glück auch noch die Gnade. Wir dürfen Fehler machen."

„So kleine Fehler wie einen Kreuzzug? Sexuellen Missbrauch? Oder den Irak-Krieg?"

Der Theologe senkte genervt den Kopf. Aber Sebastian kam gerade in Fahrt. „Das Erschreckende ist doch, dass die größten Fehler der Kirche immer von denen begangen wurden, die vorgeblich am rigorosesten geglaubt haben.

Den Übereifrigen. Ihre These ist also eindeutig falsch. So richtig falsch …"

Das Kopfschütteln des Pfarrers wirkte traurig. „Geglaubt haben sie vielleicht, aber nicht geliebt …"

„Ach, kann man das trennen? Jetzt hören Sie doch auf! Das kann man nicht trennen. Abgesehen davon … Bevor wir in die Weltpolitik abdriften: Ich habe in Ihrem Gottesdienst nur die Hälfte verstanden. Und das, was ich verstanden habe, hat mir nicht gefallen. Dieser Gottesdienst strahlt vieles aus, aber keine Liebe. Ich fand: Das war ein ziemlich lieblos heruntergespultes Ritual. Diese Texte. Diese Musik. Was, bitteschön, hat das mit mir zu tun? Oder mit der Liebe, von der Sie erzählen? Oder mit dem Glauben?"

Kampfeslustig blickte der Theologe auf. „Oh, da sprechen Sie ein ganz heikles Thema an. Sehen Sie, ich bin Pfarrer geworden, weil ich als junger Mensch den Kopf voller Ideale hatte. Ich wollte die Welt besser machen. Ich war ein … ein richtiger kleiner Revoluzzer. Aber der Apparat ‚Kirche' ist nun mal unfassbar träge. Das gilt besonders für die Formen. Ob Sie's glauben oder nicht …"

Er feixte. „… ich höre privat am liebsten Heavy Metal. Und ab und an Oldies. Ich mag überhaupt keine Orgel. Aber … also, ich habe mich dran gewöhnt. Nebenbei: Wussten Sie, dass die Christen Orgelmusik jahrhundertelang hassten? Ja, weil Kaiser Nero selbst Orgel spielte, wenn er die Gläubigen im Zirkus abschlachten ließ. Die Orgel kam erst in die Kirchen, als die fränkischen Kaiser sie ab dem 9. Jahrhundert einbauen ließen, um ihre Krönungszeremonien noch bombastischer zelebrieren zu können.

Eine Farce der Geschichte. Die Orgel als Instrument heidnischer Macht in einem Gottesdienst der Liebe …"

Sebastian unterbrach den Redefluss seines Gegenübers. „Das erklärt noch lange nicht, warum Sie im 21. Jahrhundert Sätze singen wie ‚All Fehd hat nun ein Ende'. Das ist doch … unendlich weit weg von mir."

„Sehen Sie, ich bin Teil eines Systems und kann mich dagegen nur begrenzt auflehnen. Ich kann Traditionen auflockern, aber einfache Lösungen gibt es hier nicht."

„Wieso? Machen Sie doch einfach mal einen Heavy-Metal-Gottesdienst, wenn das Ihre Musik ist."

Draußen brachen die Wolken auf und ließen einen Lichtschein herein. Doch das Gesicht des Pfarrers blieb dunkel.

„Es geht um viel mehr. Um die Einbettung der Gemeinschaft in die Geschichte. Deswegen sprechen wir auch ein sehr altes Glaubensbekenntnis, obwohl die meisten meiner Gemeindeglieder weder an die Jungfrauengeburt noch an die Himmelfahrt glauben. Sehen Sie: Im Studium habe ich gelernt, die biblischen Texte nach allen Regeln der Literaturwissenschaft auf ihren Symbolgehalt zu durchforsten – auf der Kanzel muss ich aber so tun, als wären sie direkt vom Himmel gefallen. Das kann einen ganz schön zermürben."

Sebastian wurde unruhig. „Aber Sie glauben schon, dass es Gott gibt. Oder?"

„Nun, ich bin überzeugt, dass es viele Gottesbilder gibt, die für die …"

„Ja oder Nein?"

„Ja."

„Und wie könnten Sie mir das beweisen … oder zumindest begründen?"

„Ich weiß, dass er da ist. Weil sich die biblischen Aussagen als richtig erweisen. Weil sie die Welt heiler werden lassen. Aber ich bin eben auch eingebunden in die Traditionen …"

Er dachte kurz nach, dann fuhr er fort: „Wissen Sie was: Es gibt da eine moderne Freikirche im Süden. Gar nicht weit von hier. Vielleicht sollten Sie bei der mal vorbeischauen. Mach ich übrigens auch ab und an. Da spielen die gute Rockmusik und so. Theologisch manchmal etwas eng, aber zumindest wollen sie zeitgemäß sein."

Sebastian ließ sich die Adresse geben und hatte es plötzlich sehr eilig zu gehen. Letztlich musste einem der Mann ja leidtun. Er war aufrichtig bemüht und gab sein Bestes, aber er wirkte trotzdem kraftlos und zerrissen. Der konnte keinen Trost spenden, der brauchte selber welchen. Es war ja nett, dass er den Glauben für logisch und gut befand, aber wenn er seiner Mutter von diesem Gespräch erzählen müsste, würde die nur lachen. Oder fluchen. Oder beides. Aber gewiss nicht zurück zum Glauben finden.

Nachdenklich lief der Journalist zurück zu seinem Wagen. Sah es in allen Gemeinden so aus? Waren das museale Traditions-Bewahranstalten, in denen die Form längst höher geachtet wurde als der Inhalt? Und: Wo war die Liebe? Die Gemeinschaft? Die Freude? Die Hingabe des Glaubens, die so oft beschworen wurde?

Andererseits: Es gingen ja einige Menschen hin. Immerhin. Irgendwas fanden sie in diesen Ritualen. Nur er, er würde es dort nicht finden. Und seine Mutter wahrscheinlich auch nicht mehr. Das wusste er nach diesem Morgen. In diesen Gottesdiensten ging es nach seiner Wahrnehmung um Kult, nicht um Wahrheit.

Als Sebastian seinen BMW erreichte, den er am Feldrand geparkt hatte, sah er plötzlich das Lamm.

Daran erkenn ich den gelehrten Herrn!
Was ihr nicht tastet, steht euch meilenfern,
was ihr nicht fasst, das fehlt euch ganz und gar,
was ihr nicht rechnet, glaubt ihr, sei nicht wahr,
was ihr nicht wägt, hat für euch kein Gewicht,
was ihr nicht münzt, das meint ihr, gelte nicht.

Johann Wolfgang von Goethe (1749–1832)

Das Lamm lehnte sich an das Hinterrad des Kombis und blökte herzerweichend. Mit weit aufgerissenen Augen. Hilflos. Doch als es Sebastian sah, stakste es auf ihn zu und schmiegte sich eng an sein rechtes Bein.

Verdutzt sah der Journalist auf das kleine weiße Fellknäuel mit den weit ausladenden Ohren. Wie alt mochte das Tier sein? Höchstens ein paar Tage. Zumindest sah es noch ganz frisch aus.

Hilfe suchend blickte Sebastian sich um. Irgendwohin musste das Lamm ja gehören. Zu irgendjemandem. Hallo! Aber weit und breit war niemand zu sehen. Wie ausgestorben lag die etwas in die Jahre gekommene Neubausiedlung in der blassen Sonntagmittagssonne da, die sich gerade mühsam den Weg durch die Wolken suchte. Na, großartig.

Dafür kam zwischen den Häusern just in diesem Moment ein riesiger Dobermann hinter einer Hecke hervorgeschossen, woraufhin das Lämmchen erbärmlich zu zittern anfing. Schnell nahm Sebastian das Tier auf den

Arm und fauchte den Hund an: „Los, verschwinde! Weg! Kusch! Mach dich ab!"

Verzweifelt versuchte er, mit der Hand zu wedeln, um den möglichen Angreifer zu verscheuchen. Was gar nicht so einfach war – mit einem Lamm auf dem Arm.

Der Dobermann knurrte kurz, ließ sich dann etwa acht Meter entfernt am Fuß einer Straßenlaterne nieder und schaute ihn lauernd an. Nein … das Raubtier schaute das Lamm an.

Jagen Hunde Lämmer? Oder wollen die nur spielen? Keine Ahnung. Aber Sebastian wollte es dann doch lieber nicht darauf ankommen lassen. Also stiefelte er mit dem bebenden Tier auf dem Arm zurück zum Pfarrhaus.

Der Theologe kam ihm schon am Gartenzaun mit einem Koffer entgegen. „Na, das ist ja niedlich", sagte er lachend. „Züchten Sie Lämmer? Oder hat meine Predigt Sie so inspiriert?"

„Scherzkeks. Das Tier stand an meinem Auto. Einfach so. Haben Sie eine Ahnung, wem es gehören kann? Sie, als Experte für Schafgeschichten?"

Erstaunt stellte der Pfarrer sein Gepäck ab. „Ein Lamm? Nein, also bei uns im Viertel hier … bestimmt niemandem. Und die wenigen Bauern, die es in der Umgebung noch gibt, haben auch keine Schafe mehr. Das wüsste ich. Obwohl es ja neuerdings total in ist, sich Schafe als ökologische Rasenmäher zu halten. Aber dieses Lamm da ist noch so klein. Mann, was für ein winziges flauschiges Etwas."

„Ja, und jetzt?"

„Da fragen Sie mich was. Vor allem bin ich gerade im Aufbruch zu einer mehrtägigen Fortbildung. ‚Bioethik in der Verkündigung'. In unserer Akademie. Ich fürchte, mit diesem Lamm müssen Sie allein klarkommen. Sie können es natürlich zur Polizei bringen. Das wäre das Einfachste. Hey, deren Gesichter würde ich gerne sehen … nur: Die stecken es wahrscheinlich ins Tierheim."

„Sind Sie nicht der Hirte dieser Gemeinde?" Sebastian wollte sich noch nicht geschlagen geben. „Der Pastor."

Der Pfarrer zuckte mit den Achseln. „Ja, aber kein Tierpfleger. Passen Sie auf: Ich hole Ihnen aus dem Haus schnell noch etwas Milch, denn das Kleine hat bestimmt Hunger. Außerdem liegen in unserem Kinderspielraum immer einige vergessene Babyflaschen. Und dann … warten Sie mal."

Er zog zufrieden die Mundwinkel hoch. „Natürlich! Jetzt weiß ich's. Fahren Sie zur Ruppertsmühle. Das ist etwa zweieinhalb Kilometer von hier. Da lebt ein ehemaliger Kirchenvorsteher von uns. Der hat sich sehr zurückgezogen und züchtet seit einigen Jahren Schafe. Wenn jemand Ihnen helfen kann, dann der Schaf-Schorsch. Georg Coelestin. Dr. Georg Coelestin. Aber Vorsicht, der ist ein bisschen … eigenartig."

Der Pfarrer nannte Sebastian die Adresse, holte tatsächlich eine Babyflasche mit Milch aus dem Haus und winkte dem Journalisten noch einmal freundlich zu, bevor er in einen roten Opel Astra mit eingebeulter Stoßstange stieg und davonfuhr.

Und so saß der überraschte Sebastian kurz darauf zum ersten Mal in seinem Leben mit einem Lamm auf dem Fahrersitz seines Autos und drückte dem wimmernden Tier energisch einen Sauger in den Mund. Absurd. Erst wollte das Lamm gar nicht trinken, doch als der Journalist die Öffnung des Schnulleraufsatzes mit seinem Taschenmesser deutlich erweitert hatte, trank es begierig.

Wahnsinn. Ich will die Hintergründe des Glaubens recherchieren. Und jetzt sitze ich hier mit einem Baby-Schaf. Wow!

Als das Lamm irgendwann nur noch den Kopf wegdrehte, steckte Sebastian die Flasche in den Dosenhalter seines Autos, gab die Adresse der Mühle in sein Navi ein und entschied sich, dass das Lamm im Fußraum des Beifahrersitzes am besten aufgehoben war. Anschnallen konnte er es ja wohl kaum, und die Horrorgeschichten von Tieren, die bei Vollbremsungen von hinten durch die Windschutzscheibe flogen, kannte er zur Genüge.

Enttäuscht sah der Dobermann dem BMW hinterher. Dann erhob er sich träge und trottete ins Feld.

„So, Lamm, jetzt bringe ich dich erst mal zum Schaf-Schorsch. Und dann versuche ich, dem Herrgott ein bisschen genauer in die Karten zu gucken."

So was. Nun redete er schon mit einem Lamm. Andererseits: Warum nicht? Das Tier schien sich durch seine Stimme zu beruhigen.

„Sag mal, hast du eigentlich schon einen Namen? Ich meine: Wie heißen Lämmer heutzutage überhaupt? Flöckchen? Wolke? Wolli? Blöcki? Oder einfach Manfred? Da fällt mir ein: Bist du überhaupt ein Bock? Oder heißt das bei Schafen gar nicht so? Vielleicht Widder? Ja, Widder gibt's. Und Hammel sind, glaube ich, die kastrierten. Das dürfte in deinem jugendlichen Alter aber wohl kaum der Fall sein. Vielleicht bist du aber auch ein Mädchen. Eine Schäfin. Dann könnte ich dich Dolly nennen."

Das Lamm sah ihn von schräg unten mit großen Augen an, als verstünde es alle seine Worte. Mit Augen, in denen sich der Himmel spiegelte.

Sebastian grinste. „Nee, weiß du was … wir machen es wie bei den Indianern. Angeblich gibt es da doch Völker, die nennen ihr Kind nach dem ersten Totem-Tier, das sie nach der Geburt entdecken. Und dann heißen die Kinder eben lustigerweise ‚Sitting Bull', ‚Flying Horse' oder ‚Großer Adler'. Ich halte jetzt einfach mal die Augen auf – und das Erste, was mich inspiriert, wird dein Name."

Irgendwie gefiel Sebastian das Spiel. Moment mal. War nicht in dem Augenblick, in dem er das Lamm gesehen hatte, kurz die Sonne durchgekommen? Dann wäre ‚Sonnenscheinchen' vielleicht ein guter Name. Andererseits: Das klang so verniedlichend. So nach Kindersprache. Gut, das Lamm war ja auch niedlich. Aber kein echter Mann nennt ein Tier ‚Sonnenscheinchen'. Wie peinlich. Also nicht.

Das hieß aber: Er konnte in diesem Augenblick ganz neu auf Namenssuche gehen. Eine nette Idee. Wie würde das Lamm heißen? Was würde ihm auf der Autofahrt ins Auge springen? Es war einen Versuch wert. Also: Achtung. Fertig. Und: Los!

Der Journalist ließ seinen Blick neugierig an den Häuserreihen mit ziemlich einheitlichen Einfamilienhäusern entlangstreifen – und musste plötzlich unglaublich lachen. Prustend sah er zu dem Lamm runter.

„Du … es tut mir sehr leid für dich. Weißt du, was ich als Allererstes gesehen habe? … Eine … ja, es tut mir leid, aber es war so: ein großes rotes Schild … mit bunter Schrift … ja, und zwar von … nun, von einer … Dönerbude."

Er streichelte dem Lamm über den Kopf: „Damit ist es klar: Du heißt jetzt ‚Döner'. Das erste Lamm der Welt, das Döner heißt. Ich meine: ‚Döner' meint ja auf Türkisch so was wie ‚Sich drehendes Fleisch'. Das trifft eigentlich voll auf dich zu. Du bist auch so hibbelig. Und es sagt niemand, dass das Fleisch dabei gegrillt werden muss. Also: Für mich bist du von nun an ‚Döner'."

Döner schaute zu dem Journalisten hoch und erbrach sich direkt auf die Fußmatte. Süßlich riechend floss die halbverdaute Milch in die schwarzen Rillen.

Sebastian beobachtete die weißen Rinnsale so konzentriert, dass er den emotionslosen Hinweis der Navi-Stimme, „Bitte links abbiegen!", überhörte. Zu spät.

„Bitte wenden!" Ist ja gut. Aber war da überhaupt eine Abzweigung gewesen? Im Rückspiegel konnte er nur einen Feldweg sehen. Na gut. Er wendete auf offener Straße und folgte den Anweisungen, auch wenn man sich diesen überwucherten Pfad kaum als offizielle Route vorstellen konnte. Vorsichtig lenkte er den BMW auf den Schotter.

Nach etwa vierhundert Metern wurde der Bewuchs des Grünstreifens zwischen den beiden Spuren so hoch und dicht, dass die Kratz-Geräusche unter dem BWM eine erschreckende Lautstärke annahmen. Krrrrr …

Genervt hielt der Journalist Ausschau, bis er zwischen zwei hohen Kastanienbäumen eine halbwegs akzeptable

Abstellmöglichkeit für das Auto fand. Bitte schön. Also zu Fuß weiter.

Nachdem Sebastian die Matte aus dem Fußraum mehrfach über eine Moosfläche gezogen und damit die schlimmsten Spuren beseitig hatte, klemmte er sich Döner unter den Arm und machte sich auf den Weg.

Da denkt man, man lebt im kultivierten Mitteleuropa – und dann stößt man auf Pfade, die man nicht mal im tiefsten Usbekistan vermuten würde.

Der Feldweg führte durch ein schmales Tal, dessen Hänge mit verwilderten Brombeerhecken bewachsen waren. Dazwischen ragten einige dunkle, abgestorbene Bäume hervor, die wie versteinerte Kobolde über die Pflanzen zu wachen schienen. Irgendwo plätscherte Wasser. Ein Haus war allerdings nirgendwo zu sehen. Bestimmt hinter der nächsten Biegung. Nein, leider nicht. Aber bald … ganz gewiss.

Mehrfach wollte Sebastian einfach aufgeben und umdrehen, doch immer, wenn er kurz stehen blieb, fing Döner in seinen Armen erbärmlich an zu blöken. Also lief er weiter. Noch einmal zehn Minuten – noch einmal – und noch einmal. Immer verzagter, weil er wusste, dass er den ganzen Weg wieder würde zurücklaufen müssen. So ein Mist. Er hatte Wanderungen schon als Kind gehasst. Und allmählich wurde auch das Lamm auf seinem Arm unerwartet schwer.

Als Sebastian jedes Zeitgefühl verloren hatte, stand er plötzlich vor einem verrosteten Gatter mit einem Schild: „Privatweg. Zutritt verboten. Warnung vor dem Hund."

Die letzten beiden Worte waren allerdings korrigiert worden. Mit einem dicken Edding. Verbessert stand da jetzt: „Warnung vor den Hunden." Welch eine beruhigende Präzisierung.

Und nun? Natürlich gab es an den gräulichen Holzbalken weder eine Klingel noch sonst eine Möglichkeit, sich dem Besitzer bemerkbar zu machen. Sebastian hatte also die Wahl zwischen einem sinnlosen Rückweg und der Auseinandersetzung mit mehreren aggressiven Killerkötern. Welch charmante Alternativen!

Dem durchgeschwitzten Mann lief ein Schauer über den Rücken. Es war eines, als akkreditierter Journalist in gemütlichen Pressezentren über postmoderne Abenteurer in Timbuktu und Event-Sportler bei Air Races, Surf-Meisterschaften, BMX-Sessions, Boulder-Weltcups oder Freestyle-Motocross-Rennen zu berichten – und das andere, sich selbst derart sinnlos in Gefahr zu begeben. Nun …

Nach einigem Zögern suchte er sich einen festen, etwa ein Meter langen Stock am Wegrand, dann öffnete er das Tor. Ganz langsam. Natürlich würden die Kampfköter nicht direkt vor ihm im Graben lauern, aber man konnte ja nie wissen. Verwundert stellte er fest, dass sein Herz jetzt bei jedem Schritt heftig schlug.

Bin ich eigentlich meschugge? Was mache ich hier? Ich bringe mich gerade wegen eines Lammes in Lebensgefahr.

Vielleicht war es besser, dass kleine Schaf einfach seinem Schicksal zu überlassen. Das passierte in der Natur doch andauernd. Just in diesem Moment wurden auf der Welt Dutzende von Schafen alleingelassen. Na gut, aber die hatten auch nicht in sein Auto gekotzt.

Etwa acht Minuten später – eine gefühlte Ewigkeit – tauchte am Horizont, verborgen zwischen einigen alten Kammfichten, die Mühle auf. Davor lag ein breiter, relativ frisch asphaltierter Weg, der, von links kommend, auf den Gebäudekomplex zulief. Quasi eine Prachtstraße. Neu gebaut.

„Dämliches Navi", schimpfte Sebastian, „immer der gleiche Ärger. Aber bitte. Jetzt sind wir wenigstens da."

Er wollte gerade Döner absetzen, als er aus dem Augenwinkel zwei Schäferhunde auf sich zustürzen sah. Noch bevor er das laute Bellen bewusst wahrnahm. Puh. Die waren schnell. Sehr schnell. Und sie sahen aus, als ob sie ihren Job ernst nahmen. Was jetzt?

Die Hunde mit seinem lächerlichen Stock zu bekämpfen, erschien Sebastian auf einmal ziemlich unfair. Für ihn. Also blieb nur die Flucht. Aber wohin?

Links lag eine große Wiese. Ohne jeden Schutz. Rechts floss der ehemalige Mühlbach. Sollte er versuchen, mit dem Lamm da drüberzuspringen? Nein, viel zu breit. Außerdem: Schäferhunde konnten schwimmen. Die würden nicht lockerlassen. Trotzdem hätte er zumindest etwas Zeit gewonnen. Und … ja … hinter dem Flüsschen stand ein alter Hochsitz. Etwa 15 Meter entfernt. Und eines konnten Hunde nicht: klettern.

Ohne nachzudenken rannte Sebastian los. Er sprang in den Bach – und versank bis zum Bauch im Wasser. Aua, war das kalt. Döner schrie laut auf, als es ebenfalls ins Wasser eintauchte. Hektisch kämpfte sich der Journalist auf die andere Seite und stapfte gerade mit triefenden Hosenbeinen den Abhang auf der anderen Seite hoch, als die beiden knurrenden Hunde das Ufer erreichten. Sie stürzten sich direkt hinterher. In die trüben Fluten.

Später konnte Sebastian nicht mehr sagen, ob einer der aufgeregten grauschwarzen Hütehunde tatsächlich noch nach seinem Fuß geschnappt hatte – in dem Moment, in dem er die morsche Leiter des Hochsitzes emporgeklettert war –, aber ihm kam es vor, als habe er den Zufluchtsort erst in allerletzter Sekunde erreicht.

Keuchend setzte sich der Journalist in drei Metern Höhe auf das vermooste Brett des Anstands, erschrak, als dabei das eisige Wasser aus seiner Hose gedrückt wurde – und sagte leise zu dem Lamm: „Falls wir beide jetzt hier oben elendig verhungern, weil unten zwei schreckliche Bestien nur darauf lauern, dass wir ihnen in die Fänge geraten, dann mach dir nichts draus. Da wirst du wenigstens nicht gegrillt. Andererseits: Ich hatte schon noch einige Pläne für die nächsten Jahre, außerdem muss ich noch mein Interview mit Dean Karnazes absagen. So ein Mist. Karnazes, das ist einer, sage ich dir. Rennt wie ein Wahnsinniger. Den hätten die Hunde nicht erwischt …"

Und dann machte Sebastian etwas, das er noch nie zuvor in seinem Leben gemacht hatte. Er stellte sich hin und schrie laut: „Hilfe!"

Einmal.

Zweimal.

Immer wieder …

Das Höchste ist,
überall in allen Dingen
Gott zu suchen und zu finden,
und seine Spur webt eben
in allem Natürlichen und Wirklichen.

Jacob Grimm (1785–1863)

Fast zehn Minuten lang passierte nichts. Dann kam ein Mann hinter dem Haus hervor – lachend. Aus vollem Hals. Er ließ sich offensichtlich viel Zeit. Aber irgendwann stand er dann doch am Fuß des Hochsitzes. Ein bärtiger, fast glatzköpfiger Mann, dessen graugrüne Augen neugierig nach oben schauten.

„Was machen Sie denn hier auf meinem Hochsitz? Mann, Sie hätten Ihr Gesicht sehen sollen, als Sie ins Wasser gesprungen sind. Fantastisch. Könnte ich glatt bei YouTube einstellen. Also, wer sind Sie? Und was wollen Sie hier?"

„Ich heiße Sebastian Korda. Ich bin Journalist. Zu Ihnen wollte ich, weil man mir gesagt hat, Sie seien der Schaf-Schorsch und könnten mir mit diesem Lamm hier helfen."

Sebastian hielt Döner in die Luft, als wolle er das Tier der ganzen Welt zeigen. Er fühlte sich wie Rafiki, der alte Affe im „König der Löwen", der den Thronfolger Simba präsentiert.

„O Mann, das ist aber noch klein. Geben Sie mal her. Vor allem hat es offensichtlich Hunger. Haben Sie ihm etwas zu essen gegeben?"

Der Journalist reicht Döner nach unten. „Ja, aber es hat im Auto alles wieder ausgekotzt."

„Lassen Sie mich raten: Sie haben ihm kalte Kuhmilch gegeben? Stimmt's?"

„Ja, na und?"

„Die Tränktemperatur muss bei einem Lamm natürlich bei etwa 39 Grad liegen. Das ist die Körperwärme von Schafen. Außerdem ist Schafsmilch sehr viel fetter und proteininhaltiger als Kuhmilch. Deswegen wird Kuhmilch von Lämmern meist ziemlich schnell wieder ausgespuckt und macht so ein Tier auch nicht satt. Letztlich brauchen Sie zur Aufzucht eines Lammes speziellen Milchaustauscher. Habe ich im Haus. Und auch noch etwas von meinem Geheimrezept: Ersatzmilch mit 10-prozentiger Dosenmilch, Eigelb, Traubenzucker und Lebertran. Das lieben die Kleinen. So, und jetzt kommen Sie mal da runter."

„Das würde ich gerne. Wenn Sie Ihre knurrenden Hunde zurückpfeifen."

Der Mann sah ihn mitleidig an. „Tom und Jerry? Die tun keinem was. Ich habe ihnen beigebracht, zu knurren und zu bellen, aber gebissen haben die noch nie jemanden. Sehen Sie: Da haben Sie sich ganz umsonst nass gemacht. Hey, das sah wirklich stark aus ... was für ein irrer Sprung."

Sebastian fühlte den klatschnassen Stoff an seinen Beinen, als er die Leiter herunterstieg. „Sehr witzig. Also sind Sie dieser Georg ..."

„Georg Coelestin. Dr. Coelestin, um genau zu sein. Ist mir aber nicht wichtig. Wissen Sie was: Kommen Sie erst mal mit rein. Ihr Lamm braucht was zu essen."

Eine warme, raue Cordhose, einen starken Kaffee und zwei Donuts später ging es dem Journalisten wesentlich besser. Und als sich Tom (oder Jerry) zu seinen Füßen legte, um sich den Nacken kraulen zu lassen, musste der Journalist selbst über die unfassbare Angst grinsen, die er draußen verspürt hatte.

Währenddessen lag Döner auf seinem Schoß und sog begierig Dr. Coelestins Spezialmischung aus der Babyflasche.

Der Schaf-Schorsch schaute lächelnd zu und lehnte sich dabei zurück. „Lustig. Jetzt trinkt es wie ein Weltmeister, während es bei mir immer den Kopf weggedreht hat. Es wollte einfach nicht von mir gefüttert werden. Dabei habe ich bestimmt schon ein Dutzend Lämmer großgezogen. Na, so etwas gibt es manchmal. Sie sind jetzt eine Art Mutterersatz. Auch weil Sie das Kleine so lang getragen haben."

Er hob die rechte Hand, als wolle er etwas Wichtiges sagen, zögerte einen Moment und fragte dann sehr ruhig: „Da hat Ihnen also der Pfarrer meine Adresse gegeben – und Ihr Navi war überfordert. Na, das kenn ich. Es landen immer wieder Leute hinten am Feldweg. Sie sind übrigens nicht der Erste, der seinen Besuch auf dem verrotteten Hochsitz eingeläutet hat. Na, Tom und Jerry können aber auch ziemlich furchterregend gucken."

„Woher wissen Sie, dass der Pfarrer mich geschickt hat?"

Der Alte sah ihn mit schräg gelegtem Kopf an: „Weil nur er mich Schaf-Schorsch nennt. Was ich nicht gerade für ein Kompliment halte. Und … ach, lassen wir das … man soll nichts Unangenehmes über andere sagen …"

Sebastian nahm noch einen Schluck von dem Kaffee, dann beugte er sich vor. „Sie waren früher in dieser Kirche sehr aktiv ... zumindest hat der Pfarrer so etwas angedeutet. Sehen Sie, es klingt vielleicht ein wenig komisch ... aber ich möchte ... nein, ich muss in möglichst kurzer Zeit die Wahrheit über den christlichen Glauben herausfinden. Also: Gibt es Gott? Und so weiter. Und ich dachte, Sie könnten mir vielleicht weiterhelfen. Wenn ich schon mal da bin."

Dr. Coelestins Blick wurde ein wenig lauernd. „Was hat er denn genau gesagt, also der Pfarrer? Hat er wieder über mich geschimpft?"

„Nein, überhaupt nicht. Nun ja, er sagte, sie seien ein wenig ... eigenartig. Aber er hat es nicht begründet. Es klang auch nicht böse."

„Wissen Sie, ich muss ja nicht um den heißen Brei herumreden. Ich habe die Gemeinde enttäuscht verlassen. Schweren Herzens. Und ziemlich frustriert. Dabei ist der Pfarrer in vielerlei Hinsicht ein Guter. Er setzt sich sehr für diakonische Projekte ein, er engagiert sich vorbildlich für den Ort – und er hat sogar dafür gesorgt, dass es jetzt eine ultramoderne Solaranlage auf dem Dach des Gemeindehauses gibt. Tja, aber immer, wenn ich ein bisschen mehr Spiritualität eingefordert habe, ein bisschen mehr geistliche Leidenschaft, dann kam jedes Mal nur ein saloppes ‚So was bekommen Sie bei uns nicht. Da müssen Sie in eine Freikirche gehen.' Wollte ich aber nicht. Ich wollte gerne in dieser Gemeinde meine geistliche Heimat behalten. Das hat ihn aber überhaupt nicht interessiert. Und als er sich dann auch noch so schäbig von seiner Frau getrennt hat, ist für mich das Fass übergelaufen."

Er biss sich kurz auf die Unterlippe. „Ich sage mal ein bisschen kritisch: Ich weiß gar nicht, ob dieser Pfarrer überhaupt ein wiedergeborener Christ ist."

„Ein was?" Sebastian sah sein Gegenüber erstaunt an.

Doch der ehemalige Kirchenvorsteher redete sich immer mehr in Rage. „Ja, ich frage mich, ob er Jesus Christus wirklich als Herrn und Retter angenommen hat."

„Langsam, langsam. Wovon sprechen Sie denn da überhaupt?"

Dr. Coelestin sah genauso erstaunt zurück. „Ich gebe Ihnen gerade die Antwort auf Ihre Fragen. Sie wollten doch wissen, wie das mit dem Glauben ist. Ganz einfach: Geben Sie Ihr Leben Jesus Christus – und Sie werden gerettet."

„Äh ja. Und wenn nicht?"

„Dann kommen Sie … nun, warum drum herumreden … dann sind Sie verloren, dann kommen Sie in die Hölle!"

Ohne zu verstehen, weshalb, musste Sebastian lachen. „Na, das ist ja äußerst verlockend. Klingt nach einem wahrhaft überzeugenden Angebot. Aber das meinen Sie nicht so, oder? Soll ich etwa aus Angst glauben? Beziehungsweise, weil ich dabei ein gutes Geschäft mache? Das kann nicht Ihr Ernst sein. Dann wäre Gott ja in erster Linie ein pingeliger Buchhalter, der sich die Liebe der Menschen mit himmlischen Vergünstigungen erkauft. Oder ein Mafiosi, der Glauben als Schutzgeld erpresst. ‚Bezahl mich, dann passiert dir nichts.' So etwas kann ich mir nicht vorstellen. Dann bliebe Glaube nur eine Art spiritueller Ewigkeitsversicherung …"

Der Alte unterbrach ihn. „Nein, nein. Sie verstehen das völlig falsch. Selbstverständlich will Gott, dass wir ihn freiwillig lieben …"

„Und warum dann dieser uralte Höllenkram? Dieses Drohen mit Verdammnis? Das hat ein Gott doch gar nicht nötig. Wenn er wirklich so wunderbar ist, dann liebt man ihn doch auch ohne Drohungen. Hoffentlich. Finde ich."

„Passen Sie auf: Der Mensch neigt nun einmal dazu, sündig zu leben. Und Gott möchte, dass jeder die Sünde überwindet. Oder wollen Sie behaupten, dass Sie perfekt seien?"

Sebastian schüttelte den Kopf. Amüsiert. Er wollte etwas erwidern, aber Dr. Coelestin sprach direkt weiter. „Na bitte, dann ahnen auch Sie, dass wir in unserer Sünde regelrecht gefangen sind. Und leider fällt es uns unglaublich schwer, dagegen anzukämpfen. Deshalb sollen wir ja Jesus unser Leben anvertrauen. Ihm die Verantwortung für unser Dasein übergeben. Weil er uns hilft, den Versuchungen zu widerstehen …"

Der Journalist holte sein Moleskine-Notizbuch hervor und fing an, sich Notizen zu machen.

Vorsichtig sprach er dabei weiter. „Ich habe aber gar keine Angst, in die Hölle zu kommen. Natürlich mache ich Fehler – und ich weiß sehr wohl, dass ich nicht perfekt bin. Und ja, manchmal leide ich darunter. Aber ich arbeite an mir und bekomme vieles in den Griff. Oder auch nicht. Dann muss ich damit leben. Nebenbei: Über meinem Schreibtisch hängt ein herrlicher Spruch von Thomas von Kempen, der mich immer wieder berührt: ‚Sei nicht ärgerlich, dass du andere nicht so machen kannst, wie du sie gern hättest. Du kannst nicht einmal dich selbst so machen, wie du dich gerne hättest.' Und dieser Thomas war doch im Mittelalter ein ziemlich frommer Mann. Nicht wahr? Wie dem auch sei: Mich interessiert erst einmal etwas ganz anderes: Woher wissen Sie das alles? Und woher wissen Sie, ob es wahr ist?"

Der Alte deutete auf das Buch, das zwischen ihnen auf dem Tisch lag. Jetzt erst sah Sebastian, dass es eine Bibel war. Eine ziemlich alte sogar. Mit einer goldenen Rose auf dem Umschlag.

„Die Heilige Schrift. Das Wort Gottes. Es sagt uns, was wahr ist."

Dr. Coelestin sah ihn an, als erwarte er nun uneingeschränkte Zustimmung.

Sebastian aber deutete zweifelnd auf den Band. „Na ja, ich habe im Religionsunterricht gelernt, dass in der Bibel ein Haufen historischer Ungenauigkeiten, Doppelungen, Widersprüche und Unstimmigkeiten zu finden sind. Steht nicht sogar irgendwo im Alten Testament, dass der Hase ein Wiederkäuer ist? Also: ein klarer biologischer Fehler."

Der Alte stieß verächtlich die Luft raus. „Sehen Sie, das ist das Problem: Viele Spötter und Kritiker suchen sich winzige Randthemen, um damit die Bibel als Ganzes in den Schmutz zu ziehen. Aber Sie werden mir ja wohl zustimmen, dass die Hasengeschichte völlig irrelevant für die Welt ist. Es geht um die Beziehung des Menschen zu Gott. Um das Heil. Darüber sollten wir reden."

Der Journalist hörte auf zu schreiben. Kurz kaute er an seinem Kuli. Eine schlechte Angewohnheit, doch sie half ihm nachzudenken. „Einen Augenblick. Natürlich ist das mit dem Hasen irrelevant. Aber wenn dieser Satz nicht stimmt, woher wissen Sie dann, dass die anderen stimmen? Ich sag mal so: Besteht nicht genau darin das Problem vieler christlicher Gruppen: Sie sind der festen Überzeugung, dass die Bibel ganz und gar heilig ist, suchen sich dann aber doch nur die Stellen raus, die ihnen passen? Genau so kam es doch zu Hexenverbrennungen, Inquisitionen, Moralismus und geistiger Enge: weil Einzelverse oder Einzelthesen verallgemeinert werden. Nein, warten Sie, ich möchte gar nicht mit Ihnen streiten. Ich sitze hier als Journalist, der Fakten sammeln will. Also: Gibt es irgendwelche echten Beweise dafür, dass die Bibel wahr ist?"

Dr. Coelestin zuckte mit den Schultern. „Sie sagt es selbst."

„Aber, Dr. Coelestin, Sie haben doch wissenschaftlich gearbeitet. Dann wissen Sie auch, dass das überhaupt kein Beweis ist. Dass jemand sich selbst als wahrhaftig bezeichnet, ist wertlos. Wissen Sie: Ich habe Germanistik studiert und in der Romantik begannen ganz viele Romane sinngemäß mit den Worten: ‚Was hier erzählt wird, ist auf jeden Fall wahr.' Und es war trotzdem ausgedacht. Abgesehen davon: Im Koran steht ebenfalls, dass er göttlichen Ursprungs ist. Im Buch Mormon auch, soweit ich weiß. Und die Hinduisten sind wohl genauso davon überzeugt, dass ihre Lehren göttlichen Ursprungs sind. Jeder beruft sich darauf, dass der Himmel hinter seinen Schriften steckt. Ich will der Bibel ihre Heiligkeit gar nicht absprechen, aber dass sie sich selbst heilig nennt, das teilt sie wahrscheinlich mit Hunderten von religiösen Bekenntnisschriften."

„Nun, Jesus Christus hat selbst gesagt: ‚Ich bin der Weg, die Wahrheit und das Leben. Niemand kommt zum Vater denn durch mich.'"

„Ja, aber damit drehen wir uns doch nur im Kreis. Sehen Sie: Im Islam rufen die Menschen: ‚Allah ist der Einzige.' Die Scientologen halten ihre krude Lehre selbstverständlich auch für allein selig machend, Rudolf Steiner war überzeugt, seine Anthroposophie sei heilig und lasse sich wissenschaftlich belegen – und meine somalische Putzfrau ist der Ansicht, dass letztlich die Sterne unsere Existenz bestimmen. ‚In welche Assedent sind Sie gebore?' Das höre ich jede Woche. Also: Geben Sie mir bitte nur ein gutes Argument dafür, warum ich den Beteuerungen der Bibel mehr glauben soll als denen der anderen. Eines reicht. Nur weil ich zufällig im christlichen Abendland aufgewachsen bin, muss ich nicht automatisch seine Traditionen akzeptieren. Ich könnte mich ja auch für eine ganz andere ‚heilige Schrift' erwärmen. Was übrigens einige meiner Kollegen begeistert tun. Die bauen ihre Häuser nach Feng-Shui-Regeln, hängen sich strahlende Steine um den Hals oder meditieren wie die Wahnsinnigen. Mich interessiert aber: Was belegt die Wahrheit des Christentums?"

Dr. Coelestin nahm die Bibel auf, blätterte darin und fand nach einem kurzen Moment die Stelle, die er gesucht hatte. „Paulus schreibt: ‚Gott will, dass allen Menschen geholfen werde und sie zur Erkenntnis der Wahrheit kommen.' Verstehen Sie? Wahrheit ist ein Geschenk. Gott schenkt uns die Wahrheit, wenn wir ihn darum bitten. Und wenn Sie das tun, werden auch alle Ihre Zweifel verschwinden. Ja, im Johannesevangelium sagt Jesus sogar: ‚Wer aus der Wahrheit ist, der wird meine Stimme hören.' Vielleicht gehen Sie das Ganze einfach falsch an. Sie denken, Sie könnten Glauben finden, wenn Sie Beweise haben. Aber vielleicht ist es genau andersherum: Vielleicht finden Sie Beweise, wenn Sie glauben. Dann erkennen Sie, dass und warum die Bibel wahr ist."

Sebastian stand auf, um die Hose zu betasten, die sein Gastgeber über den Kamin gelegt hatte. Sie war getrocknet – und mollig warm. Er drehte den Kopf zur Seite und sagte dann freundlich: „Ich werde über Ihre Worte nachdenken. Aber so richtig überzeugt haben Sie mich nicht. Sie beziehen Ihren Glauben aus einer Autorität der Bibel, die sie für mich einfach nicht hat. Und dann können Sie mich auch nicht mit Zitaten gewinnen. Vielen Dank trotzdem für Ihre Gastfreundschaft. Jetzt interessiert mich natürlich: Kann ich Dö- ... äh, das Lamm bei Ihnen lassen?"

Dr. Coelestin atmete tief durch, als sei er ebenfalls froh, dass das Gespräch eine neue Wendung nahm. „Das können Sie gerne. Aber erst in vierzehn Tagen. Ich habe gestern selbst meine Tiere zu einem Züchter gebracht, weil ich morgen früh ins Krankenhaus muss. Keine große Sache, aber zu lang, als dass ich die Schafe allein lassen könnte. Und danach kommt noch die Reha. So leid es mir tut: Sie werden das Lamm noch ein wenig selbst betreuen müssen ... Oder Sie bringen es zu dem Bauern, der meine Herde versorgt. Der kann Ihnen wahrscheinlich sogar sagen, wo dieses Lamm herkommt. Schließlich gibt es nicht mehr so viel Tierhaltung hier in der Region. Warten Sie, ich gebe Ihnen die Adresse und dann bringe ich Sie erst mal zu Ihrem Wagen. Oder möchten Sie die vier Kilometer zurücklaufen? Mit dem Lamm auf dem Arm ... und einer Kiste ,Milchaustauscher für Lämmer'? Die würde ich Ihnen mitgeben. Ich meine: Sicher ist sicher."

Dr. Coelestin wirkte wieder entspannt.

Nachdem Sebastian sich umgezogen hatte, stieg er mit Döner in den mit Dreck bespritzen Range Rover des Alten und kam nach wenigen Minuten zu seinem Wagen. Erleichtert fuhr er los.

Komischer Kauz, dieser Dr. Coelestin. Völlig überzeugt von seiner Lehre – und trotzdem ein netter Kerl. Oder gerade deshalb. Tja, war er nett *wegen* oder *trotz* seines Glaubens? Schwer zu sagen. Aber der Journalist ahnte auf einmal, wie schmal der Grat zwischen Glaube und Fanatismus sein kann. Vor allem, wenn man sich auf eine heilige Schrift beruft, die niemand infrage stellen darf. Da ist natürlich dem Missbrauch Tor und Tür geöffnet.

Beispiele gibt es dafür jedenfalls genug. Zum Beispiel den großartigen Slogan „Freiheit, Gleichheit, Brüderlichkeit". Das waren gute, anständige und letztlich sogar christliche Ziele gewesen. Doch die Französische Revolution hatte gezeigt, wie schnell selbst die wohlklingendsten Ideale in der Barbarei münden können, wenn jemand sie mit Machtgier zu seinen Gunsten verbiegt.

Brachte ihn das Gespräch von eben irgendwie weiter? Auf der Suche nach dem Glauben? Oder seine Mutter? Nun: Die kannte diese Himmel-und-Hölle-Argumente wahrscheinlich alle. Aber sie überzeugten sie offensichtlich nicht mehr. Und dass die Bibel sich selbst als Quelle der Wahrheit bezeichnete, bewies leider gar nichts. Ja, das mit

„Glaube ist ein Geschenk!" würde in den Ohren von Jana möglicherweise sogar sarkastisch klingen. Wenn Wahrheit ein Geschenk war, warum hatte Gott ihr dieses Geschenk dann auf dem Sterbebett wieder weggenommen?

Keine leichte Aufgabe.

Sebastian schaltete die Scheinwerfer seines BMW ein, weil sich auf der Straße vor ihm leichte Nebelschwaden bildeten. Döner schien eingeschlafen zu sein – und der Journalist fühlte sich auf einmal ziemlich müde. Dabei war der Nachmittag noch jung.

Der Wissende weiß,
dass er glauben muss.

Friedrich Dürrenmatt (1921–1990)

Der Bauernhof war gut ausgeschildert. Zum Glück. Es gab dort sogar einen alternativen Hofladen, auf den schon an der Bundesstraße mit handgemalten Plakaten hingewiesen wurde: „BIO? LOGISCH! Jetzt Frühkartoffeln, Zuckermais, Bio-Pute. Alles aus eigenem Anbau".

Werden Puten angebaut? Sebastian schmunzelte. Der Journalist hatte auf einmal großen Hunger. Die zwei Donuts waren als Mahlzeit wohl doch nicht ausreichend gewesen. Na, vielleicht bekam er hier etwas Richtiges zu essen. Andererseits: Es war Sonntag. So ein Pech.

Der Weg, der auf die Fachwerk-Scheunen zuführte, war voller Erde – in Form der Reifenspuren eines großen Traktors. Und es klang wie das Trommeln eines völlig unmusikalischen Schlagzeugers, als die Dreckklumpen laut gegen den Wagenboden schlugen.

Irgendwann verlief die Straße in einem großen Bogen nach links und endete in einem weiten Hof.

Langsam ließ Sebastian sein Auto ausrollen und stellte es vor dem geöffneten Tor ab. Dabei überkam ihn ein wehmütiges Gefühl. Wie albern. Er kannte dieses Lamm gerade mal ein paar Stunden. Fünf, um genau zu sein. Und auf einmal empfand er es als Verlust, das weiche Tierkind mit den Kulleraugen wieder abzugeben. Verrückte Welt.

Weil Döner noch schlief, ließ der Journalist das Lamm im Fußraum des Wagens liegen und schlenderte erst einmal allein auf den Brunnen zu, der das Zentrum des Hofes bildete.

Keiner zu sehen.

Neben dem Tor stand ein Fahrrad mit einem Kinderanhänger, an einem Baum lagen zwei von der Sonne ausgebleichte Bobbycars, die wohl mal rot gewesen waren, und von der Seite wehte der Wind den markanten Geruch eines Misthaufens herüber. Immerhin gemischt mit dem warmen Duft von Heu.

Hoffentlich ist überhaupt jemand da, durchfuhr es den Besucher. Er konnte Döner ja nicht einfach am Brunnen anbinden.

Im Hintergrund war jetzt das Blöken von Schafen zu hören. Sebastian wollte gerade auf das vor nicht allzu langer Zeit renovierte Wohnhaus mit der Aufschrift „Anno 1745" zugehen, als er zwischen den Tierlauten eine menschliche Stimme vernahm. Nein, sogar mehrere. Er folgte dem Klang, der aus einem angelehnten Scheunentor kam.

„Hallo? Ist da jemand? Entschuldigung …"

„Isch komme gleich zu Ihne. En korze Moment noch."

Das voluminöse, hessische Timbre klang einladend. Und dann stand auch schon der Besitzer der Stimme vor ihm. Ein Mann, besser gesagt: ein Männlein, das zu den sonoren Klängen überhaupt nicht zu passen schien. Es war dürr und drahtig und steckte in einem viel zu breiten Overall.

„Isch kümmä misch gleisch um Sie. Isch muss grad mid de jungen Dame hier noch was bespreche."

Hinter dem Bäuerchen kam eine aufgeregte Frau aus dem Halbdunkel der Scheune. Ende zwanzig. Oder Anfang dreißig. Mit dunkelblonden, leicht gewellten Haaren. Und einer etwas zu großen Nase. Fand Sebastian. Aber da auch der Mund ein ganz klein wenig überdimensioniert wirkte, passte das Ganze doch zusammen.

Der Bauer sprach auf sie ein: „Jetzt beruische Se sisch. Also: Wenn isch was hör, ruf ich Sie sofott an. Ja? Mache Se sisch ma kai Sorsche. Des taucht schon wiedä auf. Se habbe doch überall geguckt – mär kammer net mache. Un die Bolizei wärd auch bei mir nachfrache, wennse was höre wärd. Isch hab ja jetzt die Nummä von Ihne Ihrem Händi."

Die Angesprochene knöpfte ihre Jacke zu. Mit kleinen, schnellen Bewegungen.

„Hoffentlich. Trotzdem: Mir lässt das keine Ruhe. Am besten fahr ich die ganze Strecke noch mal ab. Ich meine: So ein Tier kann ja nicht spurlos verschwinden. Obwohl ich jetzt seit fünf Stunden ..."

Sebastian hob die Hand und fing an zu winken. Mit einem breiten Grinsen. „Ich möchte nicht stören, aber könnte es sein, dass Sie ... nun, dass Sie ein Lamm suchen? Ich hätte da nämlich eines."

Die Augen der Frau weiteten sich und der imposante Mund öffnete sich. Ungläubig sagte sie: „Wirklich?"

„Ja, es schläft in meinem Auto. Soll ich es holen? Ich komme ja gerade hierher, weil ich nicht wusste ..."

„O ja, bitte. Mir fällt echt ein Stein vom Herzen."

„Aber erst mal müssen Sie mir erklären, wie man ein

Lamm verlieren kann. Übrigens, ich heiße Sebastian Korda."

Er reichte beiden die Hand, woraufhin die junge Frau erwiderte: „Nia. Nia Cantara. Das Wunderliche ist: Ich weiß selbst nicht genau, wie das passieren konnte. Also, das Ganze ist ohnehin ziemlich verrückt. Passen Sie auf: Ich habe das Lamm gestern zu meiner Promotionsfeier geschenkt bekommen." Sie zog eine Grimasse. „Von meinen Uni-Kollegen am Fachbereich. Wegen unseres großen Gartens. Ich weiß gar nicht, wo die das herhaben. Es ist ja noch so klein. Jedenfalls wollte ich heute hierherfahren, um mich beraten zu lassen, weil das Lamm keine Flasche annehmen wollte. Also habe ich mir von einer Freundin einen Fahrradanhänger geliehen und bin losgefahren. Immerhin 13 Kilometer. Und als ich hier ankam, war der Anhänger leer. Das Lamm muss irgendwo unterwegs rausgesprungen sein. Oder gefallen." Schnell fügte sie hinzu: „Ist es verletzt?"

Der Journalist zog vergnügt die Nase kraus. „Ich glaube nicht. Es wirkt jedenfalls sehr gesund. Und es hat inzwischen auch getrunken." Er setzte seine Kennermiene auf. „Ich nehme an, Sie haben Kuhmilch genommen. Das sollte man auf keinen Fall machen. Und wenn doch, dann muss die Milch auf jeden Fall 39 Grad warm sein."

Sowohl Nia als auch der Landwirt sahen ihn beeindruckt an. Die Frau kniff leicht die Augen zusammen. „Natürlich habe ich Kuhmilch genommen. Wer hat denn spontan Schafsmilch zu Hause? Ich wüsste nicht mal, wo man die kaufen kann. Schafsmilch! Ich meine: Warum bekommt man überhaupt ein Schaf geschenkt? An einem Samstag?

Na, ich bin vor allem froh, dass es wieder da ist."

„Warten Sie, ich hole es."

Sebastian lief zum Auto, wo ihm Döner schon neugierig durch das Beifahrerfenster entgegensah. Das Lamm hatte sich auf den Sitz gestellt und die Vorderbeine auf die Tür gestützt. Es sah niedlich aus. Zumindest fuhr dem Journalisten dieser Gedanke durch den Kopf. Gut, dass es keinen Haufen auf dem Sitz hinterlassen hatte.

Er nahm Döner auf den Arm, ging zurück in den Hof, stellte das Tier auf den Boden und gab ihm einen leichten Klaps auf den Hintern. „Na, los. Geh zu Frauchen."

Frauchen? Sagte man das bei Lämmern? Keine Ahnung.

Döner drehte den Kopf zu Sebastian, stakste blitzschnell zurück und schmiegte sich an sein Bein.

„Hey, du gehörst zu ihr. Los. Lauf!"

Doch die Aufforderungen fruchteten nicht. Das Lamm ignorierte alle seine Bemühungen. Und als sich Nia zu ihm runterbeugte, fing es voller Angst an zu jammern. Irritiert zuckte der Journalist mit den Schultern.

Währenddessen hatte sich der Landwirt wieder in die Scheune begeben. Er rief von drinnen: „Sichä braucht es was zu fresse. Normaläweise bekomme Lämmä fünfmma am Tach Milsch." Freudestrahlend hielt er eine Kiste ins Freie: „Hier, Milschaustauschä für Lämmä. Isch mach des Zeusch grad e bissi warm."

Einige Minuten später kam er mit einer Flasche aus dem Haupthaus zurück. „Exakt neunundreißisch Grad. Gebe Se ma her."

Lange versuchte der dürre Mann, Döner zum Trinken zu bewegen, doch es funktionierte nicht. Überhaupt nicht. Dabei benutzte der Landwirt, wie er erklärte, verschiedenste aus grauer Vorzeit überlieferte Tricks seiner Schwiegermutter. Er klemmte das Lamm zwischen die Beine und stieß ihm den Sauger immer wieder ins Maul. Vergeblich. Er kraulte es an der Schwanzwurzel. Vergeblich. Er deckte ihm die Augen mit seiner Jacke ab. Vergeblich.

Endlich sagte er: „Tut mir laid. Des gibt es manschmal. Isch hab schon Lämmä sterbe sehe, weil se net trinke wollde."

Nia bat, es auch einmal versuchen zu dürfen, erntete einen äußerst herablassenden Blick des Bauern und erlebte das gleiche Desaster. Döner drehte andauernd den Kopf weg, wand sich irgendwann aus ihrem Arm, sprang dann wackelig auf … und stolperte auf der runden Bank am Brunnen auf Sebastians Schoß.

Die junge Frau drückte dem verwunderten Journalisten auffordernd die Flasche in die Hand. Ihm, dem Mann, der in seinem ganzen Leben noch nicht mal einen Hamster besessen hatte. Und ratzfatz hatte das Lamm die Flasche geleert.

„Des Lamm is uff Sie fixiert. Des is halt nuemal so. Viel Vergnüsche."

Sebastian klopfte sich auf das Bein. Es war mehr eine Verlegenheitsgeste. „Ja, und jetzt?"

„Ja, und jetzt?" Nia grinste ihn fröhlich an. „Wie wäre es, wenn Sie mich erst mal nach Hause fahren? Ich bin ziemlich müde. In Ihren Kombi müsste mein Rad locker reinpassen. Und den Anhänger kann man zusammenklappen. Dann können wir unterwegs überlegen, wie wir weiter vorgehen."

„Gern." Sebastian schaute auf die Uhr. Er zögerte. Schließlich sagte er: „In welcher Richtung wohnen Sie denn?"

Sie zeigte am Wohnhaus vorbei. „Da lang. Ungefähr. Im Süden. Warum?"

„Ach … es soll irgendwo in dieser Richtung eine moderne Freikirche geben. Und die haben, wie ich gehört habe, Sonntagabend Gottesdienst. Fängt in einer halben Stunde an. Da würde ich … aus beruflichen Gründen … gerne mal vorbeischauen. Schaffen wir das?"

Sie hob erstaunt die Augenbrauen. Dann sagte sie: „Na, wenn wir erst zu mir fahren, wird es eng. Aber ich glaube, ich weiß, welche Gemeinde Sie meinen. Die liegt fast auf dem Weg. In einem alten Industriegebiet. Ist nur ein kurzer Abstecher. Wenn Sie wollen, komme ich mit. Als Dankeschön. Fürs Nachhausefahren. Übrigens: Da soll es fetzig zugehen. Wird erzählt. Vielleicht wache ich da ja auch wieder auf."

„Wunderbar. Dann los."

Innerhalb weniger Minuten hatten sie Döner, das Fahrrad und den Anhänger im BMW verstaut, verabschiedeten sich von dem Bauern und fuhren nach Süden. Das Lamm lag erneut vor dem Beifahrersitz, jetzt aber zwischen Nias Füßen.

Als der Journalist etwa zehn Minuten später sein Auto abgestellt hatte, musterte er den weitläufigen Geländekomplex aufmerksam. Die Kirche war nämlich von außen nicht als solche zu erkennen. Ein Gründerzeit-Backstein-bau-Komplex. Offenbar hatte sich die Gemeinde hier in einem alten Lagerhaus eingemietet. Deshalb gab es auch weder einen Kirchturm noch etwas anderes, an dem man den Sakralraum hätte identifizieren können.

Als Nia und Sebastian den Eingang ausfindig machten, hatte der Gottesdienst offensichtlich schon begonnen, denn durch die Tür dröhnten tiefe Bässe und das Hämmern eines Schlagzeugs. Mehrere Frauen sangen.

Du, Jesus, mein König, voll Gnade und Kraft.
Du, Jesus, mein Retter, bist hier.

Der Journalist merkte, dass seine Füße automatisch anfingen, sich im Takt der Musik zu bewegen. Das war wahrhaft eine andere Musik als die, die er am Morgen im Gottesdienst gehört hatte. Dafür war es ordentlich laut. So laut, dass Döner in seinem Arm sofort anfing zu strampeln.

Sebastian rief seiner Begleiterin zu: „Gehen Sie rein, ich bleibe mit dem Lamm erst mal draußen. Sie können mir ja erzählen, was da drin passiert. Abgesehen davon ist dieser Gottesdienst so laut, dass ich auch hier draußen das Wesentliche mitbekomme."

Nia nickte und verschwand in der Halle.

Und während Döner neugierig an den Sträuchern schnupperte, setzt sich der Journalist erschöpft auf eine Mülltonne. Das tat gut.

„Ist das dein Schaf?"

Vor ihm stand ein etwa vierzigjähriger Mann mit einer Ray-Ban-Sonnenbrille und deutete auf Döner.

„Ja!"

„Machst du gleich einen Einsatz?"

„Wie bitte?"

„Ja, spielst du mit dem Lamm Theater? Gibst du ein Zeugnis? Oder wird das eine spezielle Performance? Ich meine: Du planst doch was. Niemand hat zufällig ein Lamm dabei."

Der Journalist deutete mit beiden Zeigefingern auf sich. „Doch! Ich."

„Da bin ich aber baff. Das Lamm ist schließlich ein total heiliges Symbol. Das berührt mich. Weißt du was: Ich glaube echt, dass Gott dich hierher geführt hat."

Sebastian neigte den Kopf zur Seite: „Na, zuerst mal war es mein Navi. Aber wenn wir schon so nett plaudern, können Sie … kannst du mir doch mal ein bisschen was über euch hier erzählen. Weißt du: Ich bin Journalist und recherchiere über den Glauben. Ich möchte die Wahrheit über Gott herausfinden. Um es mal etwas verkürzt auszudrücken."

„Super. Da bist du hier genau richtig. Ich bin übrigens Jochen."

„Sebastian!"

Jochen drückte ihm die Hand. Dabei bemerkte Sebastian am Handgelenk seines Gegenübers ein bedrucktes Plastikarmband. „Na, was ist denn das? Ein Mitgliedsausweis für einen All-Inclusive-Club?"

Der Angesprochene grinste. „Du hast nicht viel Ahnung, oder? Hier. Die Buchstaben W, W, J und D stehen für den Satz ‚What would Jesus do?‘, also: ‚Was würde Jesus tun?‘ Das hilft im Alltag. Egal, welche Entscheidungen ich treffen muss, ich frage mich immer: ‚Was würde Jesus wohl an meiner Stelle machen?‘“

„Aha. Und was macht ihr hier so als Gemeinde?“

Jochen schwang sich auf die nächste Mülltonne und baumelte entspannt mit den Beinen. Sehr cool. „Ganz einfach. Wir loben Gott. Wir feiern.“

„Und woher weißt du, ob das wirklich das Richtige ist, was du da tust?“

„Ganz einfach: Wir erleben die Schönheit des Glaubens. Weißt du, ich war lange in der Jugendarbeit, aber die Gottesdienste da waren mir einfach zu öde. Ich hatte den Eindruck, dass viele Kirchenfuzzis vergessen, der Schönheit des Glaubens auch Ausdruck zu verleihen. Hier in unseren Gottesdiensten fühle ich, dass Gott wirklich da ist, dass er lebt. Ich spüre, dass der Heilige Geist mich erfüllt. Ich werde eins mit den anderen und mit Jesus. Das ist eine traumhafte Erfahrung …“

„Augenblick mal: Du fühlst, dass Gott da ist? Klingt spannend. Wie fühlt sich das denn genau an?“

„Gut. Saugut sogar. Im Lobpreis öffne ich mich für Gott – und er begegnet mir … das spürt man … ey, wie soll man denn ein Gefühl beschreiben? Das ist umwerfend. Ich merke, dass mir der Geist besondere Gaben schenkt, dass er mir Bilder schickt und dadurch mit mir redet. Ich fühle, dass Gott wahrhaftig ist. Weißt du: Manchmal bin ich ganz erfüllt von Gottes Liebe und … Mann, probier es doch einfach mal aus. Geh rein. Ich passe so lange auf dein Schaf auf."

„Okay."

Sebastian schwang sich von der Tonne, öffnete die Tür und stellte sich direkt an die Wand. Neugierig beobachtete er die Szenerie. Also, die Musik war tatsächlich mitreißend und ging unmittelbar in die Beine. Vor der Bühne tanzten unzählige Menschen mit erhobenen Händen und sangen die eingängigen Refrains der Lieder mit. Voller Leidenschaft. Fröhlich. Ein schöner Anblick.

Einige der Tanzenden schienen tatsächlich in einer Art Trance versunken zu sein. Sie hatten die Augen geschlossen und … beteten. Ja, wahrscheinlich beteten sie. Hingegeben. An einer Säule vor dem Journalisten redete eine Frau in einer ihm unbekannten Sprache. Sie wirkte glücklich.

Ist das der Weg zum Glauben? Das Gefühl? Sebastian schluckte. Er musste plötzlich an einige der Rockkonzerte denken, die er besucht hatte. Da waren an den Bühnen auch solche verzückten Menschen gewesen, in Ekstase verfallen. Ja, sogar noch viel mehr. Fans. Groupies. Hysterisch kreischende Anhänger. Entdeckten sich diese Frommen hier gerade als Fans Gottes neu? Jesus Christ Superstar? Und war das richtig? Andererseits: Warum nicht? Bedeutete Glaube nicht auch Anbetung und Hingabe?

Mist. Er fing schon wieder an zu analysieren. Aber dass man die Wahrheit einfach nur fühlen sollte, empfand er doch als etwas zu naive Vorstellung. Oder war er einfach zu verkopft? Unwohl wurde ihm vor allem, wenn er an seine Mutter dachte. Die konnte er auf gar keinen Fall in einen solchen Gottesdienst bringen. Schon allein deshalb, weil sie nicht mehr mobil war. Außerdem wäre die alte Dame bei derartigen Rhythmen ohnehin sofort in Ohnmacht gefallen. Was also?

Hat der Zugang zur christlichen Religion am Ende mit Stilfragen zu tun? Gibt es die Wahrheit des Glaubens nur in den Variationen „Klassisch-traditionell" und „Modern-flippig"? Ja, während die einen versuchen, sich Gott über intellektuelle Predigten zu nähern, zelebrieren die anderen ein ekstatisches Fest. Oder ziehen sich zurück wie Dr. Coelestin. Aber das alles half ihm nicht wirklich weiter. Das waren Äußerlichkeiten.

Er konnte Jana nicht sagen: „Lass dich in Ekstase fallen. Dann wirst du Gott schon wieder fühlen."

Obwohl ihr ein wenig Entspanntheit sicher nicht geschadet hätte.

Jochen tippte ihm auf die Schulter. „Ich fürchte, dein Lamm will unbedingt zu dir. Jedenfalls schreit es ganz schrecklich."

„Einen Augenblick." Sebastian verschwand in der singenden Menge. Da war sie. Nia hatte sich offensichtlich von der Begeisterung anstecken lassen. Er fasste sie am Arm und zog sie mit zum Ausgang.

„Sorry, aber Döner regt sich auf."

„Häh? Döner? Wer ist denn Döner? Der Türsteher?"

„Oh, das habe ich Ihnen noch gar nicht gesagt. Ich habe das Lamm ‚Döner' getauft. Aufgrund einer … nun, einer Eingebung. Kann ich später gern genauer erklären."

„Döner ist ja wohl der blödeste Name, den ein Lamm haben kann."

„Sorry, mir ist es jetzt einfach zu laut hier. Können wir gehen?"

Wenig später erreichten sie die Adresse, die Nia ihm genannt hatte – eine alte Hofreite. Man sah den Gebäuden an, dass sie in den letzten Jahren mit viel Liebe restauriert worden waren.

Sebastian war nachdenklich. Oder einfach nur erschöpft. Einen Tag lang hatte er sich mit Eindrücken vollgesogen. Und während er bei all seinen Stories für Hochglanzmagazine meist ziemlich schnell wusste, was das Ungewöhnliche, das Wesentliche, das Einzigartige daran war, brummte jetzt sein Kopf vor lauter Sätzen, Bildern und Eindrücken.

War er dem Geheimnis des Glaubens näher gekommen? Nur einen Schritt? Einen winzigen vielleicht? Na gut, er besaß jetzt zumindest ein erstes Gefühl dafür, welche Zugänge seiner Mutter wohl kaum weiterhelfen würden. Aber hatte er wirklich etwas in der Hand?

Nein. Aber so etwas ließ er nicht gelten. Für einen engagierten Journalisten gab es kein „Nein". Höchstens ein „Noch nicht".

... das Glauben zu lernen

Wir können Gott
mit dem Verstande suchen,
aber finden können wir ihn
nur mit dem Herzen.

József von Eötvös (1813-1871)

Ich vertraue dem, der den Duft des Himmels riechen kann, mehr als einem, der ihn mir erklären möchte." „Das hatte Nia gesagt. Bei ihrem ersten Gespräch. Nachdem er ihr alles erzählt hatte. Von der Krankheit seiner Mutter. Und von ihrem kuriosen Auftrag. Von seinen Besuchen im Gottesdienst. Von Dr. Coelestin – und von dem Gespräch mit dem beseelten Mann vor der rockigen Lagerhallen-Gemeinde.

Nia hatte Sebastian mit ihrem Rotwein-Glas zugeprostet. Und dann diesen Satz gesagt: „Ich vertraue dem, der den Duft des Himmels riechen kann, mehr als einem, der ihn mir erklären möchte."

Das war zu einem Zeitpunkt gewesen, an dem der Journalist schon gar keine Lust mehr gehabt hatte zu reden. Irgendwann gegen halb elf. Das Lamm war längst eingeschlafen, nachdem es die Flasche mit Milchaustauscher erneut nur von Sebastian genommen hatte.

Die junge Frau hatte ihn daraufhin mit Blick auf die Uhr gefragt, ob er eventuell im Gästezimmer der WG übernachten wolle – und hatte ihn dann gleich auch zum Essen eingeladen. Kohlrouladen. Ein Genuss.

Wohlig hatte sich Sebastian in dem breiten Korbsofa zurückgelehnt. „Was meinen Sie damit genau?"

Sie beugte sich vor. „Erst einmal fände ich es klasse, wenn wir Du sagen. Schließlich sind wir unerwartet gemeinsam die Zieheltern von Dö- ... also, von Döner geworden. Der Name ist echt bescheuert. Aber jetzt fange ich selbst schon an, das Lamm so zu nennen. Na, das kann man sich wenigstens merken. Ist das in Ordnung? Also das mit dem Du?"

Sebastian hatte genickt und ihr sein Glas entgegengehalten. Dem hatte sie mit dem ihren einen sanften, aber vollen Klang entlockt.

„Du willst wissen, was ich damit meine? Ganz einfach: In deinem Bericht kam mir zu oft das Wort ‚Wahrheit' vor. Viel zu oft. Wahrheit hier, Wahrheit da. Beweise. Gründe. Erklärungen. Logische Zusammenhänge. Ich frage mich, ob du nicht einfach das Falsche suchst. Der Mathematiker Plaise Pascal hat mal sehr nett gesagt: ‚Ein Tropfen Liebe ist mehr als ein Ozean an Wissen und Verstand.' Und, ja, ich habe das Gefühl: Du gehst an die ganze Sache nur mit dem Verstand ran. Du willst den Glauben verstehen. Unbedingt. Koste es, was es wolle. Um jeden Preis. Tja, und möglicherweise kostet dich genau das den Glauben."

„Moment mal. Zuallererst: Es geht hier gar nicht um mich. Es geht um meine Mutter. Und die braucht nun einmal etwas Handfestes. Einen Beweis. Das ist ihr entscheidendes Anliegen. "

Der Anflug eines Lächelns legte sich auf ihr Gesicht. „Mal ganz ehrlich. Denkst du ernsthaft, dass mehr Menschen glauben würden, wenn man Gott naturwissenschaftlich beweisen könnte? Wenn es die ultimative, nicht wiederlegbare Gotteserkenntnis gäbe? Wahrscheinlich nicht, oder? Ich fürchte zumindest, dass Beweise hier überhaupt nicht weiterhelfen."

Sie hielt ihr Weinglas hoch. „Wir alle wissen zweifelsfrei, dass Rauchen schädlich ist, dass Autofahren die Umwelt verschmutzt und dass unser westlicher Lebensstil die Armut in der Dritten Welt maßgeblich mit verursacht. Na und? Ändern wir deshalb unsere Gewohnheiten? Nicht wirklich. Und mit einem Gottesbeweis wäre es ganz ähnlich. Der würde überhaupt nichts verändern. Könnte ich mir jedenfalls vorstellen. Bis in die Neuzeit waren doch ohnehin alle Menschen der festen Überzeugung, dass Gott existiert. Trotzdem haben sie geraubt, gemordet, betrogen und ihre eigenen Begierden vorgezogen. Also: Beweise bringen beim Glauben nicht besonders viel. Abgesehen davon: Eine Entscheidung für einen empirisch beweisbaren Gott hätte mit Glauben ja gar nichts mehr zu tun, sondern tatsächlich nur noch mit Vernunft. Und ich finde nicht, dass das ein Gewinn wäre."

Sie hatte einen großen Schluck von dem Wein genommen, ihn genießerisch im Mund geschmeckt und dann den Hals hinuntergleiten lassen.

Dann war ein kokettes Grinsen auf ihr Gesicht gesprungen: „Siehst du, das meine ich mit dem Duft des Himmels: Selbstverständlich gibt es Biologen, die mir haargenau erklären können, was in meiner Nase passiert, wenn ich rieche. Aber wenn ich an einer Rose schnuppere und ihren Duft in mich aufsauge, dann brauche ich keinen Fachvortrag über olfaktorische Wahrnehmung. Verstehst du?

Dann will ich nicht hören, wie und warum unsere Chemo-rezeptoren in der Riechschleimhaut auf die Duftmoleküle reagieren und anschließend ein Signal ans Gehirn senden. Ich will nicht wissen, dass es Sexualriechstoffe gibt und dass die rund 350 Rezeptortypen unserer Nase jeden Geruch in Duftkategorien wie blumig, ätherisch, moschusartig, schweißig und faulig einteilen. Eine solche Erklärung würde in diesem Augenblick nur eines: mir die Freude an dem traumhaften Duft der Rose kaputtmachen. Darum: Wenn ich den Glauben suchen müsste, dann würde ich nicht nach komplizierten Erklärungen fragen, sondern Riechen lernen. Und wer weiß: Vielleicht hat ja der Himmel auch einen ganz besonderen Duft. Verstehst du, was ich meine?"

Sebastian hatte seinen Arm auf die Lehne gelegt. „Lass mich raten: Du bist garantiert … Biologin. Na, habe ich nicht eine meisterhafte Beobachtungsgabe. Los, sag schon: Kann man mich den Sherlock Holmes von Frankfurt nennen?"

„Biologin? Na, eigentlich schon. Genauer gesagt: Bio und Physik auf Lehramt. Und ich habe tatsächlich über die Bedeutung der Sinnesorgane für die Partnerwahl promoviert. Sehr lustiges Thema. Aber glaub mir: Ich kenne schon alle Witze darüber. ‚Wir zwei können uns doch sicher gut riechen', ‚Hier stimmt die Chemie' und so weiter. Ha ha ha. Jedenfalls: Wenn du drei Jahre lang die Systematik des Riechens studierst, von morgens bis abends, dann macht dir das Riechen selbst irgendwann überhaupt keinen Spaß mehr. Ich war bestimmt auf 15 internationalen Symposien und Tagungen zum Thema ‚Riechen', von

Toronto über Mailand bis Dubai. Und weißt du, was das Unfassbare ist? Du riechst nach all den Informationen und Studien nicht etwa mehr … im Gegenteil: Du riechst weniger. Denn wenn du so mit Fakten zugedonnert bist und plötzlich einen betörenden Duft wahrnimmst, dann fängt dein Gehirn sofort an zu rattern: ‚Was passiert jetzt gerade in meiner Nase? Welche Geschmackstoffe sind in diesem Duft?‘ Und so weiter. Ich kann dir heute alles über das Riechen erklären – das Thema habe ich ursprünglich aber deshalb gewählt, weil ich selbst so unglaublich gerne rieche. Wirklich. Ich bin eine Osphrasophile! Ich liebe es zu riechen. Und das kann ich heute kaum noch. Nur wenn ich meinen Verstand, also die ‚Wahrheit‘, abschalte und ein Aroma einfach wahrnehme. Lange Rede, kurzer Sinn: Es wäre schade, wenn du vor lauter Nachdenken über den Glauben vergisst, den Himmel zu riechen."

Eine uralte Standuhr aus Eichenholz hatte angefangen zu schlagen. Elf Mal. Volle, lang nachhallende Töne.

Nia hatte gewartet, bis der letzte Schlag verklungen war, dann erst hatte sie hinzugefügt: „Manchmal ist die ‚Wahrheit‘ gar nicht das entscheidende Kriterium."

„Na, hör mal. Das sagst du als Naturwissenschaftlerin? Was machst du denn anderes, als nach Wahrheit zu forschen?"

Sie hatte nachgeschenkt. „Weißt du, die Vorstellung, dass es nur eine Wahrheit gibt … die haben uns die alten Griechen eingebrockt. In den orientalischen und asiatischen Gesellschaften kannte und brauchte man das nicht. Na gut, in der Welt der Naturwissenschaft hat sich dieses Wahrheitsverständnis ganz gut bewährt … wenn man mal davon absieht, dass in der Quantenphysik und in der Relativitätstheorie die meisten der im Alltag angewandten Naturgesetze andauernd über den Haufen geworfen werden. Da ist das Weltall in Raum und Zeit gekrümmt, das Vakuum erfüllt von geheimnisvollen Quantenfluktuationen, Elementarteilchen halten sich an mehreren Orten gleichzeitig auf – und Realität ... ja, Realität entsteht – nach dem Verständnis der Physiker – erst durch den Vorgang der Beobachtung. Wahnsinn. Da wird alles auf den Kopf gestellt, was wir vorher für selbstverständlich gehalten haben. Egal, ich will dich nicht langweilen. Jedenfalls steht sogar in den Naturwissenschaften der Wahrheitsbegriff zurzeit massiv infrage."

Sie legte eine gekonnte Pause ein. „Und in der Welt des Glaubens funktioniert das mit der einen ‚absoluten' Wahrheit auf gar keinen Fall. Ich behaupte sogar: Im Glauben kann das Gegenteil einer tiefen Wahrheit ebenfalls eine tiefe Wahrheit sein."

„Kapier ich nicht."

„Na, was weiß ich. Nehmen wir mal dein Thema. Gott ist unendlich weit weg ... und er ist unendlich nah. Jesus ist ein Mensch ... und Jesus ist ein Gott. Glauben schenkt Ruhe ... und Glauben gibt Tatkraft. Liebe befreit ... und Liebe nimmt gefangen. Hoffnung macht stark ... und Hoffnung ist trügerisch. Je nachdem, welche Perspektive ich einnehme und was ich gerade erlebe."

Sie hatte immer engagierter geredet: „Hier gilt der berühmte Satz von Albert Einstein: ‚Alles ist relativ.' Sprich: Was Wahrheit ist, das hängt immer vom eigenen Standpunkt ab. Wer das begreift, der behauptet auch nicht mehr, er hätte die allein selig machende Wahrheit. Ja, mehr noch: Immer dann, wenn jemand im Laufe der Geschichte mit Nachdruck behauptet hat, er hätte die Wahrheit – und nur er –, dann wurde unendlich viel Elend über die Menschheit gebracht. Wer dagegen das mit der Relativität erkannt hat, der versteht die Welt anders. Und Einstein behauptet ja nicht, dass es bestimmte Dinge gibt oder nicht gibt, er sagt nur, dass unsere Wahrnehmung davon immer subjektiv sein wird."

Sebastian hatte tief Luft geholt und eine Weile ins Leere gestarrt. „Sachte! Wenn ich das auf meine Recherche über den Glauben übertrage, heißt das zum Beispiel: Die Aussage ‚Gott ist allmächtig‘ sagt nicht so sehr etwas über das Wesen Gottes aus als vielmehr darüber, wie Menschen Gott in ihrem Leben erfahren haben?"

„Genau!"

„Na toll! Dann kann ich also nie etwas Definitives über das Christentum erfahren? Irgendetwas Allgemeingültiges?"

Das Lamm, das in einem Weidenkorb vor dem Kamin gelegen hatte, hatte sich im Schlaf bewegt.

„Sieh mal, es träumt wahrscheinlich." Nia schaute liebevoll zu Döner.

Der Journalist dagegen hatte unwillkürlich geflüstert: „Hoffentlich träumt es nicht vom Verlust seiner Mutter. Dann wäre es wahrscheinlich eher ein Albtraum."

Die junge Frau aber war nachdenklich geworden. „Döner hat doch eine Mutter: dich! Um es mal so zu sagen: Im Moment bist du seine mütterliche Bezugsperson. Sein Mutterschaf. Für seine subjektive Wahrnehmung ist das völlig ausreichend. Insofern bist du gerade seine mütterliche ‚Wahrheit'."

„Wie bitte? Aber das kann doch für den Glauben nicht gelten. Es darf sich doch nicht jeder seine kleine private Wahrheit basteln. Nach dem Motto ‚Sakraler Baukasten für Anfänger'."

„Döner bastelt sich gar nichts. Es erfährt dich als eine Quelle von Versorgung, Geborgenheit und Halt. Und: Ist das nicht wahr? Das bist du doch. Wir können jetzt eifrig darüber diskutieren, dass du in Wirklichkeit kein echtes Schaf bist ... wobei ... wenn ich dich so anschaue ... Entschuldige. Der Wein steigt mir zu Kopf. Also: Es gibt hier zwei ganz unterschiedliche Ebenen: die Ebene der Fakten und die Ebene der erlebten Wirklichkeit. Auf der ersten Ebene bist du kein Mutterschaf, auf der zweiten Ebene bist du eines. Quod erat demonstrandum."

„Und was sagt mir das alles?"

Sie war plötzlich in ein großes Kichern ausgebrochen. „Keine Ahnung! Du bist doch der große Glaubensdetektiv. Ich wollte nur andeuten, dass du möglicherweise noch nicht auf der richtigen Spur bist. Wie gesagt: Du redest mir zu viel von Beweisen und ‚der Wahrheit'. Und ich fürchte, dass man damit das Geheimnis des Glaubens nicht lüften kann."

Ihre Augen hatten im Kerzenschein auf einmal geglitzert. „Weißt du was: Ich bin ein ganz klein bisschen beschwipst. Aber ich mache dir einen Vorschlag. Wenn ich richtig verstanden habe, dann ist diese Glaubensgeschichte im Augenblick dein Job. Sozusagen. Und es ist doch wohl ziemlich egal, von wo aus du recherchierst. Also bleib einfach in den nächsten Tagen hier bei uns in der WG. Du kümmerst dich um Döner, bis ich entweder eine gute Bleibe für das Lamm habe oder bis es sich auch von mir füttern lässt. Ich habe nämlich keine Lust, dass es in meinen Armen stirbt. Und ich … ich helfe dir dafür bei deiner … wie nennst du es? … Aktion. Nervige Fragen stellen und unbequeme Andeutungen machen, ist nämlich mein Spezialgebiet. Na, was denkst du?"

Sebastian hatte erst überrascht hochgeschaut … und Nia dann theatralisch die Hand gereicht. „Gut. Ich arbeite zwar sonst immer allein, wenn man mal von den Fotografen für meine Reportagen absieht, aber warum nicht. Außerdem habe ich nicht viel Zeit. Darum bin ich für jede Hilfe dankbar. Aber hast du denn nichts zu tun?"

„Nicht wirklich. Letzte Woche waren doch meine Disputation und das Rigorosum, also die begleitenden Prüfungen zu meiner Doktorarbeit …"

„Ich weiß, was ein Rigorosum ist."

„Na, dann ist doch alles wunderbar. Jedenfalls bin ich mit der ganzen Promotion genau mit Ablauf meiner Assistentenstelle an der Uni fertig geworden. Und meine erste Stelle beginnt in …" Sie schaute auf einen Kunstkalender mit dem Porträt eines indischem Mädchens, auf dem groß „Strahlemann" stand. „… in genau 18 Tagen. Bis dahin habe ich quasi frei. Wenn man davon absieht, dass ich ein Schaf domestizieren muss."

Sie hatte noch mal gekichert. Und dann laut gelacht, wahrscheinlich, weil sie andauernd hatte kichern müssen.

Dieser denkwürdige Abend war jetzt genau eine Woche her. Unfassbar. Denn es fühlte sich für den Journalisten viel länger an. Sebastian hatte es sich in dem Gästezimmer gemütlich gemacht und gemeinsam mit der jungen Frau über die verschiedenen Möglichkeiten eines Zugangs zum Glauben nachgedacht.

Tagsüber jedenfalls. Abends saßen sie meist mit einem guten Glas Wein vor dem Kamin und entdeckten amüsiert, wie unterschiedlich zwei Menschen das Leben, die Politik, die Gesellschaft, die Kunst, die Wissenschaft und die Aufzucht eines Lammes wahrnehmen konnten.

Nur zwei Dinge stimmten nicht: Döner nahm seit zwei Tagen auch von Nia die Flasche – die aber sagte kein Wort darüber, dass damit ja der wesentliche Grund für das Bleiben des Journalisten weggefallen war. Und Sebastian wäre von selbst auf keinen Fall auf die Idee gekommen, das Thema anzusprechen.

Und das lag vor allem daran, dass er gerade dabei war, sich Hals über Kopf in diese verrückte Frau zu verlieben. O Mann!

Gott spricht:
Ihr werdet mich suchen und finden;
Denn wenn ihr mich
von ganzem Herzen suchen werdet,
so will ich mich von euch finden lassen.

Prophet Jeremia (6. Jahrhundert vor Christus)

„Sag mal, Ihr spinnt jetzt total, oder?" Marco, einer der Mitbewohner von Nia – ein italienischer Austauschstudent –, steckte seinen Kopf durch die Tür und zog seine dunklen Augenbrauen demonstrativ hoch – bis sie fast in der Mitte der Stirn zusammenstießen.

Mit charmantem Akzent, aber in fehlerfreiem Deutsch sagte er: „Ihr habt doch diese Woche schon bestimmt fünf Jesus-Filme geguckt. Reicht es nicht langsam? Ich meine: Eigentlich wollte ich euch gerade einen frischen Joghurt-Drink bringen, den ich gemixt habe, aber wer so durchgeknallt ist …"

Nia klopfte neben sich auf das bestickte Sofakissen. „Komm, bring die Dinger schon her. Deine Drinks sind großartig. Mmmh … riecht nach Banane. Wenn du willst, guck doch mit."

Vorsichtig balancierte er ein großes Tablett durch den Türspalt. „Nee, also ,Das Leben des Brian' lasse ich mir ja gefallen, auch ,Die letzte Versuchung', ,Das Gewand' oder ,Ben Hur', aber ,The Passion' muss wirklich nicht sein. Stundenlang dieses Rumgemetzel, dieses Gefoltere und Geblute. Dagegen ist ‚Terminator' ja ein kuscheliger Kinderfilm."

Sebastian drückte die Pause-Taste, woraufhin auf dem Bildschirm genau eine klaffende, blutige Wunde stehen blieb.

„So ganz unrecht hat Marco gar nicht. Also, ich hatte wirklich gehofft, dass ich dem Geheimnis des Glaubens näher komme, wenn ich einfach mehr über die biblischen Geschichten weiß. Ja, ich dachte, ich könnte die Faszination der Glaubenden dann irgendwie besser nachempfinden. Aber bei solchen Bilder spüre ich nur Ekel."

„Das wollte Mel Gibson doch auch." Nia reichte ihm die Hülle der DVD. „Also nicht Ekel … aber das Erschrecken vor der Brutalität dieses Todes. Das stellvertretende Leiden des Gottessohnes soll gerade in seiner Grausamkeit den Zuschauern deutlich machen, wie sehr Jesus für sie gelitten hat. Da stirbt einer, letztlich Gott selbst, qualvoll am Kreuz und nimmt die Schuld der Welt auf sich."

„Schön und gut. Und der Gedanke, dass da ein Gott dem Menschen alle Verfehlungen verzeihen möchte, ist ja auch äußerst sympathisch. Aber mir hätte es gereicht, wenn Gott laut gesagt hätte: ‚Ich vergebe dir!' oder: ‚Ist wieder gut!' Kurz und knapp. Das wäre doch genauso gültig gewesen. Oder nicht? Sprich: Für mich hätte Jesus all diese widerwärtigen Torturen nicht über sich ergehen lassen müssen. Sündenvergebung gern – aber wenn Gott Gott ist, dann braucht es dazu nicht so ein Horrorszenario, so ein Gemetzel. Dann reicht sein Wort. Ich finde übrigens einen Gott, der seinen einzigen Sohn opfert, auch nicht wirklich anziehend."

„Ich sehe schon, ihr braucht das Know-how eines demnächst examinierten Kulturanthropologen." Der Italiener spreizte motiviert die Finger. „Passt auf: Im Vorderen Orient der Zeitenwende waren Opferrituale alltäglich. Da wurden von morgens bis abends in den Tempeln, vor allem in Jerusalem, Tiere geopfert, weil die Menschen Gott dadurch ihre Dankbarkeit ausdrücken wollten. Dabei waren übrigens nur besonders reine, also ‚fehlerfreie' Tiere erlaubt. Je reiner das Tier, desto größer das Opfer. Ach ja … und solche Opfer hatten oftmals den Charakter einer Stellvertretung. Bei der Geburt eines Kindes zum Beispiel wurden stellvertretend zwei Turteltauben geopfert. Als Dank-, aber auch als Reinigungsritual. Im Denken Israels waren also Opfer und Stellvertretung ganz präsent. Für die Menschen dieser Zeit fügte sich der Opfertod Jesu deshalb gänzlich in ihre Kultur ein. Sie verstanden sofort, was er bedeutet: nämlich, dass da einer Fehlerloser für die anderen vor Gott etwas ins Reine bringt … dass Jesus ihre Schuld auf sich nimmt."

Marco starrte seine beiden Zuhörer Beifall heischend an.

Nia klatschte wie eine Mensch gewordene Comicfigur und neigte sich zu Sebastian. „Verstehst du jetzt, was ich mit dem ‚Duft des Himmels' meine? Wir haben gerade eine wunderbar intellektuelle, historische Erklärung bekommen, die uns aber für unsere aktuelle Suche rein gar nichts bringt." Sie zog eine freche Grimasse.

„Na, warte mal." Der Journalist stützte sein Kinn in die Hand und stellte dabei überrascht fest, dass er vergessen hatte, sich zu rasieren. „Wenn diese, ich sage jetzt mal,

‚symbolische Handlung' damals den Leuten verständlich war, für mich aber nur wie das Abschlachten eines Menschen durch einen ziemlich grausamen Gott aussieht …"

Marco unterbrach ihn. „Wenn das meine katholische Mutter hören würde, würde sie jetzt sofort ein Kreuzeszeichen machen und sich brüsk von dir abwenden. Du … du elender Ketzer! Oder sie würde bei der Mafia anrufen, ob die dir nicht mal einen kurzen Freundschaftsbesuch abstatten will."

„Na ja, ich gebe erst einmal nur wieder, was die allermeisten Menschen heutzutage empfinden, wenn sie in einer Kirche oder sonstwo ein Kruzifix hängen sehen. Ich wollte aber etwas ganz anderes sagen: Wenn das, was am Kreuz passiert ist, damals verständlich war, heute aber nicht mehr ‚selbst-verständlich' ist, dann müsste man vielleicht ein anderes Bild dafür finden. Eines, das zeitgemäßer ist. Und vielleicht etwas liebevoller."

Nia legte die Hand auf seinen Arm, was Sebastian zusammenzucken ließ. „Siehst du, da sind wir schon wieder beim ‚Duft'. Die Frage wäre demnach: Was ist die eigentliche ‚Wahrheit': dass Gott den Menschen all ihre Sünden vergibt – oder dass er es mit der Opferung seines Sohnes tut? Und wie verstehen die Menschen dieses Geschehen am besten? Nebenbei: Jesus gibt uns ja tatsächlich so ein liebevolles Bild, nämlich die Geschichte vom verlorenen Sohn. Die wirst selbst du kennen."

„Was heißt hier ‚selbst du'? Meine Mutter hat mich in meiner Kindheit mit Kinderbibeln, frommen Heftchen und geistlichen Hörspielcassetten geradezu malträtiert. Aber du hast recht: Letztlich drückt die Geschichte von dem Sohn, der schuldbeladen zu seinem Vater heimkehrt und wider alle Erwartung vergeben bekommt, genau dasselbe aus wie das Kreuzesgeschehen. Verrückt, war mir noch gar nicht aufgefallen. Trotzdem … ich kann das alles denken. Und nachvollziehen. Aber es hilft mir nicht wirklich weiter. Vor allem ist das Problem meiner Mutter ja nicht, dass sie diese Geschichten nicht alle schon kennen würde. Es muss da noch etwas anderes geben. Etwas Überzeugenderes."

Nia drückte auf die Auswurftaste, woraufhin sich das DVD-Fach mit einem leisen Seufzen öffnete.

„Ich nehme an, ihr wollt nicht weitergucken."

„Nee", sagten beide Männer wie aus einem Mund.

Sebastian stellte das geleerte Glas, das noch immer mit einer weißlichen Joghurtschicht überzogen war, zurück aufs Tablett. „Ich geh mal einen Augenblick frische Luft tanken. Ich habe wirklich zu viel Fernsehen geguckt. Eins ist mir dabei klar geworden: Die Geschichte von Jesus hat natürlich etwas. Sie ist existenziell. Ja, das ist großes Kino … aber ‚Titanic' eben auch. Und noch etwas stört mich: Diese Filme zeigen Jesus alle als Heiligen. Selbst wenn sie seine menschliche Seite darstellen wollen. Nun, das ist irgendwie … also, wenn man schon glaubt, dann berührt es einen sicher, wenn man aber nicht glaubt, dann wirkt das alles ganz schön … gestelzt … gewollt … ach, ich weiß auch nicht, wie ich es ausdrücken soll. Also, bis gleich. Übrigens: starker Drink, Marco. Danke."

Im Garten setzte sich Sebastian auf die leicht verzogene, rosa Hollywoodschaukel, die bei jeder Bewegung quietschte, als litte sie Qualen. Er holte sein Handy heraus und hörte seinen Anrufbeantworter ab.

„Sie haben vier neue Nachrichten. Nachricht 1. Erhalten gestern um 15 Uhr 24. ‚Hallo Basti, hier ist Ralf. Hast du Lust, für uns nach Australien zu fliegen … zum letzten Lauf des MotoGP? Eventuell auch nach Motegi. Da ist doch einiges im April wegen des Vulkanausbruchs verschoben worden. Ich wette einen Fuffi, dass Jorge Lorenzo es diesmal schafft. Ruf mich doch mal an.' … Nachricht 2. Erhalten gestern um 17 Uhr 18. ‚Sebastian, Vera hier. Danke für deinen Anruf. Janas Zustand ist stabil. Trotzdem sagt sie, du sollst dich gefälligst beeilen. Und: Sie will dich erst wieder sehen, wenn du Ergebnisse hast. Na, du kennst sie ja. Ich denk an dich. Tschühüss.' … Nachricht 3. Erhalten heute um 15 Uhr 8. ‚Hi, Sebästiän, this is Todd, the Manager of Dean Karnazes. Please call me soon.' … Nachricht 4. Erhalten heute und 15 Uhr 16. ‚Lieber Herr Korda. Wenke Braun, die neue Assistentin von Michael Sperber. Herr Sperber möchte gerne wissen, wann er den Text über die Klippenspringer bekommt. Rufen Sie doch bitte zurück.'"

Nervös schob der Journalist das Nokia zurück in seine Hosentasche. Tja, und jetzt? Wie weit war er gekommen? Sebastian verspürte auf einmal keine Lust mehr, sich mit den seltsamen Irrungen und Wirrungen des Glaubens auseinanderzusetzen. Überhaupt keine Lust.

Letztlich wollte er nur noch eines: an Nia denken. Ohne Pause. Vor allem war es besser, an Nia zu denken, als bei ihr zu sein, weil er beim Denken wenigstens nicht andauernd die Sorge hatte, sich wie ein Volltrottel zu benehmen. Das Universum war voller Fettnäpfchen. Vor allem, wenn Nia sich im gleichen Raum aufhielt.

So etwas Aberwitziges aber auch. Sebastian fing an zu schaukeln. Viel zu wild. Was war bloß los mit ihm?

Da bin ich ausgezogen, den Glauben zu finden … und finde die Liebe.

Na ja. Oder so etwas Ähnliches. Schließlich hatte er überhaupt keine Ahnung, was sie empfand.

Das Erstaunliche war nur: Er traf auf seinen Reisen natürlich regelmäßig eindrucksvolle und ungewöhnliche Frauen. Klar, Surferinnen, Freeclimberinnen, Fierljepperinnen oder Mountainbikerinnen waren qua Hobby irgendwie interessant. Ausgeflippt. Abenteuerlustig. An Grenzerfahrungen interessiert. Voll Power. Sie investierten all ihre Freizeit in eine faszinierende Leidenschaft. Und leidenschaftliche Frauen hatten Sebastian schon immer verlockt. Er suchte förmlich nach feurigen Blicken; nach Gesichtern, die ausstrahlten, dass ihre Trägerinnen für etwas entbrannt waren. Begeisterung pur.

Nia war anders. Geheimnisvoll. Direkt. Unverblümt. Wenn er bei ihr war, hatte er das Gefühl, dem Leben näher zu sein. Sie wirkte so, als müsse sie ihre Grenzen nicht pausenlos austesten, weil sie sich ihrer bewusst war. Und das verlieh ihr eine unglaubliche Ausstrahlung. Herrje. Jetzt mal ganz ruhig!

Was war, wenn er sich gerade tierisch zum Narren machte? Zum Deppen der Nation? Puh. Vielleicht hatte sie einen durchtrainierten, hochbegabten Archäologen als Freund, der nur mal gerade für drei Monate auf einer spektakulären Ausgrabung im südlichen Jemen war. Oder in einem jüngst entdeckten Tempel in Timbuktu. Oder in der Antarktis. Egal, wo. Aber hätte dann nicht irgendwo in ihrem Zimmer ein Bild gestanden?

Dummerweise hatte Sebastian nicht den Mumm, Nia direkt zu fragen. „Na, wie läuft denn dein Liebesleben so?" Igitt.

Gut, er musste einfach nur zu ihr gehen und eingestehen, was er empfand. Nur so. Aber die Vorstellung, sie könnte ihn auslachen und von da an nichts mehr mit ihm zu tun haben wollen, war wie ein Schmerz. Grauenhaft.

Mit all den verrückten Extremsportlerinnen auf der Welt konnte er lässig flirten. Abends bei einem Cocktail, einer schützenden Piña Colada. In den urigen Kneipen andalusischer Berge. Oder in der Hotelbar. Da gab ein Wort das andere. Unverbindlich. Unverkrampft. Momentaufnahmen.

Nia dagegen war wie eine große Versuchung. Und er ahnte, dass sie eine Frau war, bei der es nur „ganz oder gar nicht" gab. Darum fiel es ihm auch so schwer, zwischendurch kurzerhand ein paar entspannte, spielerische Bemerkungen einzuwerfen. Das hier war kein Spiel. Nicht mehr. Jedenfalls nicht für ihn. Es war, als würde jedes seiner Worte auf die Goldwaage gelegt. Und er fühlte sich, als versinke sein ganzer Charme in einem schwarzen Sumpf aus Unsicherheit.

Da redeten sie pausenlos über Wahrheit. Über die ganz großen Wahrheiten des Glaubens. Und er … er hatte Angst, ihr die kleine Wahrheit seiner Gefühle anzuvertrauen. Nein, er hatte Angst, dass sie ihn, wenn sie die Wahrheit über ihn wüsste, nicht mehr bei sich dulden würde. Nicht, weil er Leichen im Keller hatte. So ein Quatsch. Jedenfalls nicht mehr als jede und jeder andere. Aber er selbst war sich auf einmal nicht mehr im Klaren darüber, ob er für eine solche Frau überhaupt liebenswert war. Was passierte bloß mit ihm?

Auch das noch! Jetzt kam sie aus der Verandatür.

Nia wirkte vergnügt. „Ach, hier bist du! Du, die Hollywoodschaukel ist mein absoluter Lieblingsplatz. Weißt du das? Das Ding habe ich mal vor einigen Jahren auf einem Möbelflohmarkt in Dreieich gefunden und dann rosa angemalt. Sieht doch witzig aus, gell? Hey, was geht dir durch den Kopf?"

Sie setzte sich neben Sebastian, hielt ihm eine Tüte mit Rosinen hin und schaute ihn erwartungsvoll an. Das war seine Chance. Los jetzt! Sprich! Sag's ihr! Kein Ort ist besser als eine Hollywoodschaukel. In rosa. Romantik pur. Inklusive einer Schnulze von Rod Stewart, die aus Marcos Zimmer ins Freie flutete. Doch sein Magen fühlte sich an wie ein riesiger Schwamm. So, als söge er allen Mut in sich auf. Nein, er brauchte einen besseren Moment. Also musste er improvisieren.

„Was mir durch den Kopf geht? Mmh … weißt du … ich komme immer noch nicht … noch nicht mit deiner Vorstellung … von Wahrheit klar. Genau! Es muss doch irgendwelche Kriterien dafür geben, ob etwas wahr ist oder nicht."

Ganz kurz schaute sie ihn irritiert an. Neugierig. Ein Funken tanzte in ihren Augen. Dann sagte sie: „Stimmt.

Das sehe ich auch so. Es muss Kriterien geben. Nur frage ich mich, ob Logik und empirische Beweisbarkeit wirklich die … nun, die einzigen Kriterien sind. Du, ich bin Naturwissenschaftlerin, ich habe andauernd mit Versuchen zu tun, die Wahrheiten generieren wollen. Wahrscheinlich bin ich deshalb dem Wahrheitsbegriff gegenüber so misstrauisch geworden."

Nia kuschelte sich in die Decke ein, die sie mitgebracht hatte. „Guck mal, wir leben in einer Gesellschaft, in der angeblich der Verstand und die Beweisbarkeit das Fundament sind. Und ich glaube, dass das nicht stimmt. Nein … so kann man es nicht sagen … das stimmt schon, der Verstand ist unendlich wichtig, aber er allein genügt eben nicht. Mir jedenfalls. Ein Leben, das nur aus Logikketten und messbaren Komponenten besteht, ist doch schrecklich leer. Irgendwie arm. Langweilig. Ich meine: Was ist denn … mit … ja, mit Liebe, Zuversicht, Gnade, Vertrautheit, Sehnsucht und Ängsten – oder mit Glauben? Nichts davon kann ich ,erklären'. Nicht mal ansatzweise. Dabei steckt darin der ganze Reichtum unseres Daseins. Finde ich jedenfalls. Das heißt: Die entscheidenden Aspekte des Lebens, die kann man nicht wirklich definieren. Ja, selbst wenn ich die dazugehörigen chemischen Prozesse im Gehirn vollständig aufklären könnte, hätte ich die Phänomene nicht erfasst. Was ich damit sagen will, ist: Wenn ich das herkömmliche Verständnis von Wahrheit infrage stelle, dann nicht, weil ich es untergraben möchte … wirklich nicht … sondern weil ich es für zu klein halte. Ich bin überzeugt, dass es eine Wahrheit gibt, die größer ist als Beweise. Viel größer. Und existenzieller.

Wie soll ich dir erklären, was ich meine? Also, pass auf: Es gibt Dinge, die richtig sind. Faktisch richtig. Und es gibt Dinge, die haben Folgen. Für mich beschreibt der Begriff ‚Wirklichkeit' weniger das, was irgendwie ist, sondern das, was wirkt. Um noch mal bei meinem Duftbild zu bleiben: Wenn ich weiß, was beim Riechen passiert, ist das logisch und richtig, nur in mir passiert dadurch noch gar nichts. Wenn ich aber durch ein blühendes Lavendelfeld laufe und den einzigartigen Duft in mich aufsauge, dann werde ich glücklich. Dann jubiliert meine Seele. Dann macht dieser Duft etwas mit mir. Deshalb interessiert mich seit einigen Jahren vor allem das, was mein Leben positiv beeinflusst."

Sebastian hatte nur mit halbem Ohr zugehört. Die meiste Zeit hatte er Nia angeschaut und in ihrem Anblick gebadet. Sie war so schön, wenn sie leidenschaftlich sprach. Da fügte sich selbst ihre etwas zu große Nase stimmig in die engagierte Mimik ein ...

„Hallo! Möchtest du dazu irgendwas sagen? Oder hätte ich meine geistigen Ergüsse auch den verwelkten Primeln auf der Wiese erzählen können?"

„Äh, sorry ... ich ... ich musste gerade an ... meine Mutter denken. Die ... äh ... die liegt schließlich im Sterben. Und ich weiß immer noch nicht, wie ich ihr helfen soll."

„Mensch, darüber rede ich doch. Ich finde, du solltest mit Leuten sprechen, die dir erzählen können, was Gott ... was der Glaube mit ihnen macht. Also mit Leuten, die den Duft des Himmels riechen können. Oder ihn zumindest gerochen haben."

Der Journalist stieß leicht trotzig die Hollywoodschaukel an. „Ich hab doch mit Leuten geredet."

Nia sah ihn ein wenig altklug an. „Sag mal: ‚Oh.'" Er machte es und sie schnipste ihm aus etwa dreißig Zentimeter Entfernung eine Rosine von ihrer Handfläche in den Mund.

Dann meinte sie: „Das stimmt, aber du hast in deinen ach so professionellen Interviews immer nur nach Wahrheit gesucht … nicht nach ihren persönlichen Erfahrungen. Erinnerst du dich? Ich fürchte, du hast die falschen Fragen gestellt."

Sebastian sah sie verblüfft an: „Okay! Wenn du es so siehst. Stimmt … Und wo finde ich solche Typen?"

Sie schnipste erneut eine Rosine durch die Luft, traf diesmal aber Sebastians Nase.

„Oh, 'Tschuldigung. Also unter uns: Ich kenne ein paar."

In diesem Moment fiel dem Journalisten auf, dass er bislang keine Ahnung hatte, was Nia selbst glaubte. Falls sie etwas glaubte. Er wollte sie gerade fragen, als Marco von der Veranda aus in den Garten rief: „Habt ihr Döner gesehen? Ich glaube, das Vieh ist abgehauen."

Der Glaube geht nicht
durch den Verstand,
so wenig wie die Liebe.

Hermann Hesse (1877–1962)

Döner! Dööner? Döneeeeer!"
Irgendwann fing Nia an zu feixen. „Wisst ihr eigentlich, wie absurd das ist? Wir laufen hier seit
einer halben Stunde durch die Gärten und Gassen und rufen wie die Wahnsinnigen: ‚Döner!' Die Leute müssen uns
ja für total durchgeknallt halten."

„Ja, oder für fahrende ‚Kebab-Händler'. Wartet's nur
ab, gleich taucht einer auf und bestellt ‚Vier Mal Döner …
mit alles. Knoblauch-Sohse … und … bisschen scharf'."
Marco schüttelte sich derart aus vor Lachen, dass er seine
Hände auf die Knie stützen musste.

Als sich alle wieder beruhigt hatten, sagte Sebastian:
„Die Frage ist nur: Wie geht's jetzt weiter? Wir suchen
schon so lange und haben Döner noch immer nicht gefunden. Langsam mache ich mir echt Sorgen."

„Ach nee! Du … derjenige, der dem Gleichnis vom
verlorenen Schaf angeblich überhaupt nichts abgewinnen
konnte. Na, jetzt siehst und fühlst du mal, wie es einem
Hirten ergeht, der eines seiner Tiere verliert." Nia hatte
die Arme in die Hüften gestemmt und schaute ihn heraus-
fordernd an.

„Ja, superduper. Mach mich nur fertig. Dadurch finden
wir Döner aber auch nicht."

Die junge Frau nickte. „Stimmt. Sag mal, Marco, hast du dein Handy dabei? Ja? Super. Ruf doch bitte die anderen an. Sie sollen uns bei der Suche helfen. Sebastian hat recht: Wenn wir nicht mit vielen Leuten gucken, wird das wahrscheinlich nichts."

„Wer sind denn ‚die anderen'", fragte sich der Journalist – und sofort durchzuckte ihn der Gedanke: Ist einer davon etwa ihr … fester Freund?

Nia schien seine Fragen zu ahnen, denn sie wandte sich zu ihm und erklärte: „Das sind gute Freunde. Und … also … einige von denen können dir auch solche Geschichten erzählen, wie du sie suchst. Erinnerst du dich? Erfahrungen mit dem Glauben! Aber natürlich nur, wenn du sie hören willst."

„Das ist Petra. Und das hier, das ist Sebastian. Der Journalist. Du weißt schon: der Typ aus Frankfurt, der so gerne glauben lernen möchte … Also: für seine Mutter. Skurrile Story. Ich dachte, es hilft ihm vielleicht, wenn du ihm deine Geschichte erzählst. Lasst es uns so machen: Marco und ich gehen durch die Kleingärten, ihr haltet euch rechts am Feld. Und wenn Matze auch noch auftaucht, kann der gucken, ob sich Döner vielleicht Richtung Ortsmitte bewegt. Alles klar?"

Das kleine Team nickte. Und Petra und Sebastian gingen langsam an einer Buchsbaumhecke entlang. Sie schaute auf den linken, er auf den rechten Wegrand.

„Döner. Döner!"

Eigentlich hätte sich der Journalist in diesem Augenblick nichts sehnlicher gewünscht, als bei Nia bleiben zu können. Deshalb schwieg er erst einmal. Aber die dunkelhaarige Petra fing ganz unbekümmert an zu reden.

„Hat Nia schon irgendetwas über mich gesagt. Nee? Auch gut. Ich nehme an, ich soll dir die Geschichte von meiner Tochter erzählen."

„Du hast eine Tochter?"

„Nein." Sie zögerte. „Ich hatte eine … Sie ist gestorben. Mit sechs Jahren … an einem bösartigen Hirntumor."

„Davon sollst du mir erzählen? Wirklich?"

„Keine Sorge, ich erspare dir die Chemotherapien, das trostlosen Hocken in neonröhrenfahlen Krankenhäusern und die Verzweiflung … Warte." Ihre Stimme stockte. „So, jetzt geht es wieder. Drei Tage vor ihrem Tod hat … da hat meine Tochter … da hat Annika ihre Spielsachen genommen … und sie hatte damals natürlich sehr viele bekommen … wie das so ist, wenn Kinder krank sind … also, sie hat ihre Spielsachen genommen, selbst ihre Lieblingspuppen, und sie überall im Krankenhaus verschenkt. An die anderen Kinder. In aller Seelenruhe."

Die junge Frau schluckte. „Natürlich habe ich sie gefragt: ‚Warum machst du das denn?' Schließlich waren einige der Sachen richtig teuer gewesen. Da schaut sie mich ganz ernst an und sagt: ‚Die brauche ich doch nicht mehr, wenn ich auf der Wolke bin.' Einfach so. Nur diesen einen Satz: ‚Die brauche ich doch nicht mehr, wenn ich auf der Wolke bin.' … Verstehst du? Annika ist ohne jede Furcht gegangen. So …"

Petra hatte sehr ruhig gesprochen. Jetzt lächelte sie. „In diesem Moment habe ich verstanden, dass ich es war, die voll rasendem Schmerz und abgrundtiefer Verzweiflung da hockte … dass meine Tochter aber … ja, dass sie ganz heiter und gelassen war. Eine ältere Krankenhaus-Seelsorgerin hatte ihr vom Himmel vorgeschwärmt. Und dass sie mich da auch wiedersehen würde. Da war für Annika plötzlich klar: Der Tod ist gar kein Schrecken … Sieh mal …. Vorher war meine Tochter ganz oft von meiner Verzweiflung angesteckt worden, sie hatte viel geweint und gezittert – und jetzt auf einmal wurde sie … mein Trost."

Sebastian blickte zu Boden.

Petra war nun ganz ruhig.

„Wenn du wirklich etwas über den Glauben lernen willst, dann … nein … ich muss es anders sagen: Ich habe von meiner Tochter gelernt, was es bedeutet, von Gott getragen zu sein. Sie hätte auch schreiend vor Angst in diesem Krankenhausbett sterben können. Aber sie hatte ganz am Schluss, noch in den letzten Minuten, ein Lächeln auf den Lippen und flüsterte: ‚Mama, bis bald. Ich freu mich auf dich.‘ … Nun, ich glaube, das sollte ich dir erzählen."

„Petra! Wartet." Eine Männerstimme rief ihnen hinterher.

„O, Matze. Schön, dass du auch Zeit hast."

Ein schlaksiger Typ in Nias Alter kam auf sie zugerannt. Trotz seines dünnen Haarwuchses wirkte er jugendlich. Ein wenig außer Atem sagte er: „Ach klar. Wenn ihr mich braucht."

Er grinste. „Ich wollte schon immer mal mit ein paar Freaks ein Schaf suchen. Soll im Moment total in sein. Sheep-Searching. Da fällt mir ein geiler Zungenbrecher ein: Cheap sheep cheats cheap shives. Aber lassen wir das.

Und? Schon eine Spur?"

„Nee ... ich hab Sebastian gerade von Annika erzählt."

„O sorry, da komm ich ja mit meinen blöden Sprüchen genau richtig."

Er schaute betreten zur Seite. Dann wagte er einen neuen Anlauf: „Hallo, ich bin übrigens Matthias. Wenn wir schon am Geschichtenerzählen sind – willst du auch noch eine von mir hören?"

Petra hob abwehrend die Hände. „Also, ich habe für heute genug von solchen Sachen. Macht ihr das mal unter euch Männern aus. Matze, du solltest doch im Ort gucken ... richtig ... gut, dann übernehme ich das jetzt. Bis später."

Sie drehte sich um, winkte noch einmal mit ihrer Hand über ihrem Kopf und verschwand Richtung Marktplatz.

„Harte Sache, das mit Annika." Sebastian fing wieder an, zwischen den Büschen nach Döner Ausschau zu halten.

„Stimmt. Andererseits: Die Geschichte hat Petras Leben verändert. Und zwar radikal. So, und jetzt bekommst du noch eine Story von mir. Vielleicht hilft die dir ja auch ein bisschen, den Glauben zu finden."

Der Journalist schaute Matthias erstaunt an. „Wie vielen Leuten hat Nia eigentlich von meiner Suche erzählt?"

„Keine Ahnung. Aber sie meinte, du bräuchtest endlich mal ein paar authentische Erfahrungsberichte. Also, hör zu. Ist aber nicht wirklich schön ... Ich habe mit achtzehn etwas gemacht, das mir die Hälfte meines Lebens versaut hat." Er holte tief Luft. „Ich war mit einer Klassenkameradin zusammen … nun … wie's halt so passiert … sie wurde schwanger … und ich habe sie ziemlich unter Druck gesetzt … woraufhin sie … abgetrieben hat … war natürlich totale Scheiße. Ich habe damals aber immer nur überlegt, wie meine strengen Eltern wohl reagieren würden … und so weiter. Die hohen Erwartungen an mich. ‚Der Junge soll Jura studieren. Was Besseres werden.‘ Kennst du wahrscheinlich so ein Zeug. Ich bin mit meiner Freundin in die Klinik gefahren … und in dem Augenblick, indem es vorbei war … schrie eine Stimme in mir: ‚Du Mörder!‘ Meine Freundin konnte damit besser umgehen als ich. Mich zerfraß es. Und diese Stimme hörte auch nicht wieder auf … über Jahre nicht. Ich habe mein Leben irgendwie noch abgeritten, aber etwas in mir war kaputt. Da wird man ja auch immer paranoider … Ich habe mir andauernd vorgestellt, welche Möglichkeiten dieser kleine, wunderbare Mensch hätte haben können … was ich da alles zerstört habe … und natürlich war die Beziehung zu dem Mädchen dann auch ganz schnell im Eimer … Egal. Jedenfalls hat mich mein Schuldgefühl unfassbar belastet. Bis irgendwann alles den Bach runterging … na, ich erspare dir die Details.“

Er blieb stehen. „Jedenfalls … irgendwann hat mir einer gesagt, dass Glaube etwas mit Vergebung zu tun. Ich habe ihn ausgelacht. ‚Ich kann mir ja nicht mal selbst vergeben.‘ Da sagt der einfach: ‚Musst du auch nicht. Man kann sich ohnehin nur vergeben lassen.‘ … Tja …“

Matthias machte einen tänzelnden Ausfallschritt. „Ich hab's versucht. Und es hat geklappt. Ich weiß nicht, ob man das auf andere Menschen übertragen kann, aber ich … ich brauchte damals jemanden, ich brauchte Gott, um diese üble Sache an jemanden abgeben zu können. Um wieder fröhlich zu werden. Um zu kapieren, dass die Gnade des Himmels stärker ist als alle irdische Schuld. Ich bin immer noch traurig über das, was ich damals gemacht habe, aber ich konnte mich mit mir und der Welt versöhnen. Hey, da!"

Er zeigte aufgeregt aufs Feld. Aber dort hoppelte nur ein für den Herbst vollgefressener Hase durch die Ackerfurchen. „Nee, doch nicht. Sah auf den ersten Blick aus wie ein Lamm. Wo war ich? Genau. Versöhnung. Für mich war das der Hammer. Außerdem habe ich erfahren, dass meine damalige Freundin inzwischen drei Kinder hat. Was für ein Glück!"

Der Mann legte die Hand über die Augen und sah in den Himmel. „Das sieht nach Regen aus. Hoffentlich hält sich das noch ein bisschen."

Von Südwesten zogen dunkle Wolken herauf.

Sebastian fragte ganz unvermittelt: „Weißt du, wo Nia jetzt ist?"

Matthias schaute auf das Display seines Handys: „Wenn sie Döner – geiler Name übrigens – schon gefunden hätten, hätten sie bestimmt angerufen. Also sind sie entweder noch in den Kleingärten oder in der Nähe der Alten Kapelle. Die liegt da oben, hinter der Anhöhe. Wieso?"

„Ich muss sie dringend was fragen. Wir sehen uns." Unvermittelt rannte Sebastian los.

Der Journalist hatte erst wenige hundert Meter zurückgelegt, als es anfing zu regnen. Nein, es schüttete. Gnadenlos. Da half nur noch eines: schneller rennen.

Völlig durchnässt erreichte Sebastian das winzige Kirchlein, das ihm Matthias beschrieben hatte. Eher eine größere Kapelle, die an einer früheren Wegkreuzung stand. Und tatsächlich: Darin saß Nia. Auf einem von drei alten Schemeln. Vor einer Marienstatue. Maria lactans.

„Hallo, Sebastian … guck mal, diese Kapelle wurde 1857 erbaut, wegen eines Eides der Dorfbewohner nach einer furchtbaren Missernte …"

„Nia, was geht hier ab?"

Sie musterte sein Gesicht. „Wieso? Was ist? Moment mal. Bist du wütend?"

„Verdammt noch mal. Meine Mutter liegt im Sterben und ich renne hier einem blöden Schaf hinterher."

„Ich finde Döner nicht blöd. Außerdem ist das kein Grund, wütend zu sein."

Auf Nias Gesicht lag ein rötlicher Schein – Abendlicht, das sich seinen Weg unter den Wolken suchte und durch die farbigen Glasfenster der Kapelle hereinfiel.

„Und dann deine … Freunde. Die erzählen mir ihre herzergreifenden Geschichten. Ja, und … wo kommen diese Leute her? Wer ist das? Und glaubst du tatsächlich, ich könnte meiner Mutter helfen, wenn ich ihr … rührselige Erfahrungen von krebskranken Mädchen und Spätpubertierenden mit schlechtem Gewissen erzähle …"

„Hey. Werd nicht unfair. Mich berühren die Erlebnisse von Petra und Matze …"

„Ja. Schön. Aber was bringt's? Dass ein Kind sich auf den Tod freut … das kann man Glauben nennen … andere nennen das … Manipulation. Oder ‚schöne heile Märchenwelt'. Und dass dieser Matze sich von seinen Selbstvorwürfen befreit … das heißt in Fachkreisen schlicht ‚Autosuggestion'."

Sie drehte den Kopf ein wenig, sodass ihr Gesicht im Licht der Fensterelemente auf einmal bläulich erschien.

„Ich hatte gehofft, dass dir ihre Erfahrungen etwas von der fundamentalen, lebensverändernden Kraft des Glaubens deutlich machen. Und ich kann dir auch gerne sagen, woher ich die beiden kenne. Aber deine Aufregung, die hängt doch nicht nur damit zusammen … ich meine: Die Geschichten sind kein Grund, wütend zu werden."

Sebastian strich sich mit der Hand durch die klitschnassen Haare und wischte die Finger an seiner Jeans ab. „Doch. Ich kann meiner Mutter schließlich keine psychologisch fragwürdigen Bekehrungsgeschichtchen servieren. ‚Mir ging es so schlecht, der Herr Jesus hat mich gerettet. Halleluja.' Das hilft meiner Mutter nicht. Nicht einen Hauch."

„So, und was hilft ihr dann?"

„Das habe ich doch schon gesagt. Beweise. Nein, ein Beweis reicht. Ein einziger. Ein wirklich überzeugender Beweis. Dass es Gott gibt. Dass ihr Glaube korrekt ist. Ich meine: Da kannst du über die Reichweite des Wahrheitsbegriffs philosophieren, so viel du willst. Merkst du denn gar nicht, dass du damit der entscheidenden Frage ausweichst? Wenn es Gott gibt, dann muss es auch einen Weg geben, seine Existenz zu belegen. Und das möchte ich. Mit

Fakten Zusammenhänge beweisen."

Nia hob ihre Hand, ganz langsam. Dann streichelte sie Sebastian über die Wange. Sehr zärtlich. Und auf ihrem Gesicht, das in dieser Position jetzt ockerfarben glänzte, strahlte die Zuneigung.

Sie beugte sich vor und küsste ihn. Wie ein Windhauch.

Der Journalist nahm ihren Kopf in beide Hände.

„Ich liebe dich!"

Endlich war es raus.

Eine Minute verstrich.

Dann löste Nia seine Hände. Ziemlich brüsk. Leise sagte sie: „Beweise es!"

Sie drängte sich an ihm vorbei und rannte hinaus in den Regen.

Halt an! Wo läufst du hin?
Der Himmel ist in dir.
Suchst du Gott anderswo,
du fehlst ihn für und für.

Angelus Silesius (1624–1677)

„Nia! Jetzt warte doch."
Nach etwa fünfzehn Metern hatte Sebastian die junge Frau eingeholt. Doch sie blieb nicht stehen. Auf ihrem Gesicht glänzten die Regentropfen.

„Nia, was soll was?"

Trotzig antwortete sie: „Was was soll? Merkst du das denn nicht? Du redest immer nur von Fakten. Fakten, Fakten, Fakten. Das ist das Einzige, was dir einfällt. Sebastian, der ewige Recherchierer. Der Enthüllungsjournalist. Der Aufklärer. Sag mal, will es nicht in deinen Kopf rein, dass das Leben aus mehr besteht als nur aus dem, was wir mit unserem kleinen Horizont abschließend beschreiben können? Ja, ich weiß: Du willst alles definieren. Ganz super. Ganz wissenschaftlich. Nur: ‚Definieren' heißt ‚Grenzen setzen'. Und es gibt nun mal Dinge, die kann man nicht eingrenzen. Oder einzäunen. Die sterben dann nämlich ab. So wie manche Wildtiere sterben, wenn man sie einsperrt. Begreif doch … ich … ich möchte weder meine Gedanken noch meine Sehnsüchte oder meine Fantasie einsperren lassen. Ich will Weite. Ich lasse mir nicht einreden, dass meine Sinne und meine subjektive Wahrnehmung das gesamte Ausmaß der Realität bestimmen. Tja, und ich bezweifle nun mal, dass mein Horizont das Maß aller Dinge ist. Kennst du Ralph Waldo Emerson, den amerikanischen Philosophen? Der hat mal wunderschön gesagt: ‚Mir ist lieber, in einer von Geheimnissen umgebenen Welt zu leben, als in einer, die so klein ist, dass mein Verstand sie begreift.'"

Nia zog ihre Jacke enger um sich. „Und am schlimmsten finde ich Sätze wie: ‚Ich glaube nur, was ich sehe.' Wenn das stimmen würde, dann würden die meisten Menschen nur noch ans Fernsehprogramm glauben. Nein, ich weiß … und ich merke … dass ich immer nur einen winzigen Ausschnitt der Wirklichkeit erfasse. Deshalb möchte ich offen sein, offen bleiben für das, was darüber hinausgeht."

Sie blieb abrupt stehen. So abrupt, dass Sebastian ein Stück an ihr vorbeilief und sich wieder umwenden musste.

„Mir ist die Welt der Beweise zu klein geworden."

„Nia, was hat das mit uns zu tun?"

„Mit uns? Das kann ich dir sagen: Wie sollen ein Mann, der alles eingrenzen möchte, und eine Frau, die alle Grenzen überwinden möchte, jemals miteinander glücklich werden?"

„Das meine ich nicht."

Nia schüttelte sich wie ein Hund, um den Regen aus ihrem Gesicht zu treiben. „Ich weiß sehr wohl, was du meinst. Deshalb bin ich ja auch bereit, mich auf dein eigenartiges Spiel einzulassen. Also: Du glaubst, dass man alles erklären und begründen kann. Vor allem: dass man es begründen muss. Gut. Ich nehme dich beim Wort. Und das meine ich ernst: Beweise mir, dass du mich liebst! Ganz einfach. Darin bist du doch angeblich so großartig.

Und jetzt …"

Ihr Blick wurde flehentlich. „… jetzt bin ich leer geredet … ausdiskutiert. Tu mir einen Gefallen: Fahr nach Hause. Bitte. Und ruf auch nicht an. Komm erst wieder, wenn du deinen Beweis hast."

„Und dann?"

„Keine Ahnung. Das wird sich bestimmt … ganz logisch ergeben." Sie lächelte verschwörerisch. „Geh jetzt!"

„Aber … was ist mit Döner?"

„Du kennst dich hier in der Gegend ohnehin nicht aus. Wir werden weitersuchen."

„Sagt ihr mir wenigstens Bescheid, wenn ihr das Lamm gefunden habt?"

„Nein! Kümmere du dich um deinen Beweis. Alles andere ergibt sich."

Sie drehte sich um und ging demonstrativ davon – in die entgegengesetzte Richtung.

Der Journalist schlich kurz darauf durch die leere Hofreite, in der noch immer Rod Stewart in Endlosschleife seine „Baby Jane" besang. Ein Lied ohne Zuhörer. Trostlos.

Gedankenversunken warf Sebastian seine Kleidung in die Sporttasche, in der er sie auch hergebracht hatte. Frische und gebrauchte Wäsche wild durcheinander. Ein verstörter Haufen.

Und nun? Passierte jetzt genau das, wovor er sich gefürchtet hatte? Schickte sie ihn fort, weil er ihr seine Liebe gestanden hatte? Nein, sie hatte ja ihn geküsst. Es war ihr Impuls gewesen. In der Kapelle.

Trotzdem wollte sie ihn nicht mehr bei sich haben. Es sei denn ... er konnte ihr beweisen, dass er sie liebte. Frauen!

In seiner Wohnung in Frankfurt angekommen, räumte Sebastian die wenigen Lebensmittel in den Kühlschrank, die er unterwegs gekauft hatte. Milch, Butter, Joghurt, Käse, Thunfischsalat. Und ärgerte sich dabei. Schließlich hoffte er nichts mehr, als dass er schon bald zu Nia zurückkehren würde. Und zwar bevor er das alles aufgegessen hatte.

Was für eine ausgeflippte Frau. Und ausgerechnet in so eine musste er sich verlieben. Bravo.

Nachdem er sich mit dem Sandwich-Toaster ein eher minimalistisches Abendessen gemacht hatte, legte sich der Journalist in die Badewanne. Mit einem Glas 94er-Rioja auf der Ablage – von seinem italienischen Lieblingsweingut. Um erst einmal zu entspannen. Doch es funktionierte nicht. Er musste andauernd an Nia denken. Nia, Nia, Nia, Nia ... Halt! Nia, Nia, Nia, Nia ...

Und an Döner. Ob das Lamm in Sicherheit war? Höchstwahrscheinlich liefen ja auch in dieser Ortschaft einige größere Hunde frei herum. Und an Autos war das winzige Wesen noch überhaupt nicht gewöhnt. Was war, wenn es längst jemand überfahren hatte? War Döner schon tot? Oder noch grausiger: Was war, wenn es jammernd in einem Straßengraben lag? Mit gebrochenen Beinen oder inneren Verletzungen?

Sebastian fröstelte, obwohl das Wasser eigentlich zu warm war. Drehte er jetzt ganz durch? In Europa lebten unzählige Schafe. Millionen und Abermillionen blökender Viecher. Und er, er machte sich Sorgen wegen eines einzigen kleinen Lammes. Was für ein Irrsinn.

Die Uhr zeigte 22:47, als Sebastian sich an den Gründerzeit-Schreibtisch setzte, den er von seinem Großvater geerbt hatte. Er legte sein Moleskine-Notizbuch vor sich auf die Tischplatte und schrieb mit schwungvollen Buchstaben: „Wie beweise ich Nia, dass ich sie liebe?"

Tja, wie?

Wie beweist man einem Menschen, dass man ihn liebt? Von ganzem Herzen? So, dass diese Person alle Zweifel verliert?

Na großartig. Das war nun schon die zweite höchstbrisante Aufgabe innerhalb kürzester Zeit. Und er hatte die erste noch nicht einmal ansatzweise gelöst.

Natürlich war ihm längst klar, worauf Nia hinauswollte. Diese freche, eigenartige, ungewöhnliche … wundervolle Frau: Er sollte beschämt zu ihr gekrochen kommen und ihr eingestehen, dass es mit der Liebe wie mit dem Glauben war: Man konnte beides nicht beweisen. Voilà: Schachmatt! Game over! Rien ne va plus! Uno! Rommé! Satz und Sieg!

Gratulation, Nia. Welch ein Erfolg!

Aber so leicht gab er sich nicht geschlagen.

Geduld. Schritt für Schritt. Stellen wir uns doch mal ganz dumm. Wie beweist ein Mann einer Frau, dass er sie liebt? Dass er sie wahrhaftig liebt?

Tja. Wie? Fangen wir mal oberflächlich an. Ein Mann beweist seiner Frau, dass er sie liebt … indem er ihr regelmäßig Blumen schenkt. Zum Beispiel. Jeden Tag hundert rote Rosen wären bestimmt kein schlechter Anfang. Mit einem zärtlichen Liebesgedicht dabei. Romantische Verse voller Sehnsucht, Leidenschaft und Begehren. Na ja. Nicht wirklich gut. Jedenfalls keinerlei Beweis. Das machten schließlich auch abgedrehte, wahnwitzige Stalker.

Oder ein anderer Klassiker: Schmuck. Natürlich, Geschenke als Zeichen der Liebe. Unwillkürlich musste Sebastian feixen. Er sah sich selbst in einem Rosamunde-Pilcher-Film: Verliebter Journalist kniet vor seiner Angebeteten und hält ihr ein glitzerndes Diamantenkollier hin. Auf blauem Samtkissen. Große Augen. Ungläubiges Staunen. Freudiges Aufjauchzen. Begehrliches Tasten. Um den Hals legen. Angucken. Dahinschmelzen. Kuss. Klappe.

Uah! Nein, das würde bei Nia niemals funktionieren. Sie würde ihn wahrscheinlich an Ort und Stelle mit dem Collier erwürgen. Außerdem: Was bewies ein Schmuckstück? Überhaupt nichts. Es gab auch Männer, die schenkten ihrer Frau einen Saphirring, um das schlechte Gewissen wegen des letzten Seitensprungs zu beruhigen. Also, mieser Vorschlag.

Na, komm schon. Ein Beweis! Hey, viele Kerle erzählen doch gerne, dass sie ihre Angebeteten mit irgendwelchen Heldentaten von der Wahrheit ihrer Gefühle überzeugen konnten: „Schatz, ich hole deinen Lieblingsdrachen wieder aus dem Baum. Auch wenn er in 14 Metern Höhe hängt und ich nicht schwindelfrei bin. Für dich ist mir kein Weg zu weit und kein Risiko zu groß. Und falls ich am Ende mit gebrochenem Genick am Boden liege ... dann war es wenigstens kein sinnloser Tod. Er war für dich!" Müll!

Außerdem hätte er den Drachen erst mal auf den Baum hochkriegen müssen.

Wie wäre es mit einem schmachtenden Liebeslied vor ihrem Balkon: „Ti amo! Ti amo, ti amo, ti amo." Au Backe. Nein, lieber gar nicht erst weiterdenken. Obwohl das bei seiner Stimme wirklich ein Liebesbeweis gewesen wäre. Quatsch …

Sebastians Freund Achim, auch ein Journalist, hatte seine spätere Frau dadurch für sich gewonnen, dass er bereit war, zukünftig auf seine gefährlichen Reisen zu verzichten. Jetzt berichtete er nicht mehr live aus den Krisengebieten der Erde, sondern schrieb für eine größere Lokalzeitung über Kaninchenzüchtervereine, das Männerballett des Seniorenstifts und die Einweihung des neuen Kindergartens.

War es das? Ein persönliches Opfer als Beleg für die alles überwindende Liebe: „Ich nehme deinen unaussprechlichen Nachnamen an. Ich verzichte auf mein Erbe. Ich verkaufe mein Motorrad. Ich spreche nie wieder mit meinen Eltern. Ich trage nur noch wurstfarbene Sakkos." Nein. Auch nicht wirklich gut.

Nervös hämmerte er mit dem Kuli auf der Tischplatte. „Ich liebe diese Frau. Wie kann ich es ihr beweisen?"

Sebastian stand auf und machte sich einen Kaffee. Er musste wach bleiben. Und er wollte möglichst schnell eine Antwort finden, um so bald wie möglich wieder zu Nia fahren zu können. Das Tragische war: Diese Frau arbeitete auch noch als Biologin. Ein echtes Problem. Denn letztlich konnte sie jedes seiner Argumente blitzschnell evolutionsbiologisch aushebeln. Kinderleicht sogar.

Er sah sie schon mit strengem Gesicht referieren, die Arme wie so oft demonstrativ in die Seite gestützt: „Von wegen Liebe! Was dich bewegt, mein naiver Verehrer, ist ausschließlich der Fortpflanzungstrieb. Ja, deine egoistischen Gene gaukeln dir geschickt vor, dass du mich liebst. Dabei willst du in Wirklichkeit nur dein Erbmaterial verteilen. Was für ein billiger Trick. Die Hormondrüsen spielen verrückt – und der Herr Journalist glaubt, er wäre verliebt. Pustekuchen! Was du Liebe nennst, ist ein raffinierter, aber leicht zu durchschauender Schachzug der Natur. Die Ausschüttung von kleinen, zielgerichteten Neurotransmittern. Ich sage dir: Zufällig sind wir beide uns begegnet, aber wäre ich nicht da gewesen, dann hätten deine Triebe ganz flott ein anderes weibliches Opfer für den Erhaltungstrieb deiner DNA gefunden. Also schwafel mir hier nichts vor von Gefühlen und Verbundenheit. Dieser ganze romantische Schwachsinn lässt sich mit Banalitäten erklären."

Auf einmal fühlte sich der Journalist ziemlich mulmig.

Es stimmte.

Leider.

Er hatte einer gewitzten Naturwissenschaftlerin nichts entgegenzusetzen. Überhaupt nichts. Schlimmer noch: Dass er Nia liebte, konnte Sebastian ja letztlich … nicht mal sich selbst beweisen. Obwohl in seinem Inneren die Gefühle tanzten. Obwohl er selbst überwältigt war von …

Halt.

Das stimmte ja gar nicht. Das mit dem „nicht beweisen". Es war genau andersherum. Wahrscheinlich konnte man heutzutage anhand der chemischen Prozesse, die gerade in seinem jubilierenden Körper abliefen, sogar recht genau messen, dass er, Sebastian Korda, gerade verliebt war. Es gab also wirklich so etwas wie Beweise. Zahlen, Fakten, Belege. Das geballte Auftreten bestimmter Glückshormone.

Nur würde Nia ihn hämisch auslachen, wenn er mit dem Befund eines Labors ankäme, das ihm schriftlich bestätigte, dass er voller Liebe war. Keine Frau der Welt ließ sich auf einen Mann ein, nur weil der irgendwelche Ausschüttungen von Botenstoffen nachweisen konnte: „Baby, da steht es doch schwarz auf weiß: Ich bin verliebt." Schwachsinn. Das war ein Beweis, der keiner war.

Sebastian merkte, dass er unruhig wurde. Dass in ihm eine Verärgerung hochkam, wie er sie selten erlebt hatte. Was sollte das hier?

Beweise! Liebesbeweise. Es war doch scheißegal, wo, wie und warum irgendwelche Neurotransmitter in ihm herumfuhrwerkten.

Er liebte Nia. Er sehnte sich unfassbar nach ihr. Er begehrte sie mit Haut und Haar. Und er gehörte zu ihr. Das spürte er. Das wusste er. Das hätte er sich sofort auf den Oberarm tätowieren lassen (war das ein Beweis?).

Nein. Er wollte sich von niemandem – „Hörst du, Welt! Von niemandem!" – seine wundervollen Gefühle zerreden, zerpflücken und biologisch entzaubern lassen. Dazu war die Liebe viel zu schön.

Was er empfand, war ein Fest aller Sinne.

Liebe.

Liebe!

Diese Verliebtheit, die über ihn gekommen war wie ein Taifun ... diese Liebe, die für sein ganzes Leben einen neuen Horizont eröffnete. Vielleicht, wenn Nia auch ihn ... dann würden in den nächsten Tagen Weichen gestellt, die ihrer beider Leben entscheidend verändern würde. Vielleicht ... „bis dass der Tod euch scheidet". Das war doch wohl mehr Realität, mehr Wirklichkeit, ja ... das war eindeutig mehr Wahrheit als nur ein paar biologische Erklärungsmuster.

Beweise hin oder her: Er würde sich seine Liebe nicht von den Wissenschaftlern, den Kritikern, Fatalisten und Erbsenzählern kaputt machen lassen.

Plötzlich war Sebastian auch sauer auf Nia. Zumindest ein wenig. Nein, sogar sehr. Ja, schön, er hatte mit dem Beweisspiel angefangen. Aber dass sie die Suche nach der Wahrheit auf seine innigsten Gefühle übertrug, war eine Dreistigkeit sondergleichen. Damit nahm sie die Liebe an sich nicht ernst.

Er liebte.

Er liebte.

Und das war die Wahrheit. Basta.

Ganz unerwartet musste er wieder an Döner denken. Das war auch so ein Ding. Er saß hier in seiner einsamen Bude und sie verweigerte ihm jedwede Informationen über das Lamm. Das war ja wohl ...

In diesem Augenblick begriff Sebastian.

Er legte das Gesicht in die Hände. Atmete zweimal tief durch. Sprang dann auf. Und rannte zum Auto.

Natürlich ...

*Der Mensch
sollte ein
Gott Suchender
werden.*

Meister Eckart (1260–1328)

W ahrheit ist Beziehung."
„   Nia stand in einem mit roten Blümchen gemusterten Nachthemd in der Tür und schaute ihn
mit verschlafenen Augen an. Sie sah sehr verführerisch
aus, fand Sebastian. Obwohl sie sich wahrscheinlich überhaupt nicht so fühlte.

„Was?"

„Wahrheit ist Beziehung."

„Weißt du, wie spät es ist?"

„Klar, kurz nach halb vier."

Sie schloss kurz die Augen. „Du musst mich wirklich
sehr lieben."

Sebastian legte neckisch den Kopf schräg. „Ja, ich den-
ke, das stimmt. Beweisen kann ich es dir nicht. Aber aus-
probieren."

In Nias Schläfrigkeit brach die Neugierde durch. „Na,
dann komm rein. Und erzähl. Oder wollen wir bis morgen
früh warten?"

„Auf keinen Fall."

Sie gähnte und zeigte ins Wohnzimmer. „Bitte schön.
Hereinspaziert."

Nia holte eine Bettdecke aus ihrem Schlafzimmer

und kuschelte sich damit aufs Sofa. „Also, dann lass mal hören."

„Du hattest recht …"

„Ach!"

„Sumpfhuhn. Jetzt hör mir doch erst mal zu. Es stimmt: Es gibt Wahrheiten, die man niemals rein empirisch oder wissenschaftlich belegen kann. Trotzdem sind sie wahr. Warum? Das ist ganz einfach … weil … also: Ob etwas wahr ist, das können wir immer nur aus der Beziehung heraus beschreiben, die wir zu diesem Etwas haben. Für mich ist wahr, dass …"

Nias Augen sahen jetzt doch wach aus. „Wow, du Genie. Sehr gut. Und weißt du was: Das ist exakt das, was Albert Einstein herausgefunden hat. Alles ist relativ! Nichts ist absolut. Keine Messung. Kein Beweis. Kein Fakt. Weil alle Phänomene immer von demjenigen abhängen, der sie beobachtet. Selbst Raum und Zeit. Um es mal philosophisch auszudrücken: Nichts existiert aus sich selbst heraus, alles existiert nur in Bezug auf etwas anderes. Nein, ich glaube, ich muss es noch anders sagen: Sicherlich gibt es absolute Wahrheiten. Aber wir … wir können sie mit unserem subjektiven Blick nie ganz erfassen. Unser Horizont gestattet uns nur das Erhaschen von ganz persönlichen kleinen Wahrhaftigkeiten …"

„Genau. Und wenn wir behaupten, wir hätten die letzte Wahrheit, dann sind wir ziemlich hochmütig."

Die junge Frau beugte sich vor. Schelmisch. „Und was heißt das für die Liebe?"

Sebastian strahlte. „Nun, wenn das, was wir als Wahrheit erfahren, nur aus unserer Beziehung zu den Dingen erfasst werden kann … dann kannst du die Wahrheit meiner Liebe nur erkennen, wenn du dich auf eine Beziehung zu mir einlässt. Ich kann dir meine Liebe nicht im luftleeren Raum beweisen. Liebe ist nicht absolut. Aber in unserem Miteinander, in meinem Handeln wirst du sie erleben. Sie wird sich als wahr erweisen. Sie wird dich tragen, verwöhnen, begleiten, liebkosen und begeistern. Und zwar so – das verspreche ich dir –, dass du daran nie zweifeln musst. Erkennen kannst du meine Liebe aber nur, wenn du es wagst, sie zu erleben."

Nia runzelte die Stirn. „Heißt das, es gibt für mich keine Gewissheit?"

Der Journalist dachte einen Moment nach. Dann sagte er vorsichtig: „Nein. Die gibt es nicht. Das, was wachsen kann, ist … Vertrauen. Du musst mir vertrauen. Volles Risiko."

Nia nahm Sebastians Hand. Glücklich. „Tja, Vertrauen. Weißt du, was das griechische Wort, das wir immer mit ,Glauben' übersetzen, in der Bibel ursprünglich heißt? Na? Ganz einfach: Vertrauen. Letztlich steht in der Bibel nicht: ,Du sollst an Gott glauben!', sondern ,Du sollst Gott vertrauen!' Interessant, oder?"

„Und das bedeutet?"

„Och, das bedeutet, dass alles, was du gerade zum Thema ,Liebe' gesagt hast, für den Glauben ganz genauso gilt. Die ,Wahrheit des Glaubens' findet ein Mensch auch nur dann, wenn er es wagt, sich auf eine Beziehung einzulassen. Zu Gott. Wahrheit kann immer nur in Bezug auf eine Beziehung beschrieben werden, wie du so richtig festgestellt hast. Sprich: Ob am Glauben etwas dran ist, kann man nur herausfinden, wenn man sich voller Vertrauen darauf einlässt."

Er streichelte mit seinem Daumen ihren Handrücken. Innig. Nia aber fuhr fort: „Liebe kannst du nicht beweisen. Und doch ist ein Leben ohne Liebe ein unfassbar trauriges und leeres Leben. Wer einmal von der Liebe überschwemmt wurde, oder zumindest von echter Freundschaft, der will darauf nie wieder verzichten. Und den meisten Glaubenden geht es genauso. Wenn sie einmal entdeckt haben, dass Gottes Gegenwart ihre Weltsicht und ihre Einstellung zur Realität verändert, dann wollen sie diese Lebensqualität, dieses Heil nicht mehr missen …"

Einen Augenblick schwiegen beide, dann lachte Nia leise. „Im Neuen Testament sagt Jesus interessanterweise: ‚Ich bin die Wahrheit.' Erstaunlich, nicht wahr? Die Wahrheit ist demnach also keine Glaubenslehre, kein Prinzip, kein Dogma und kein Gesetz – die Wahrheit ist eine Person. Ein Lebewesen. Und wie kommt man einer Person nah? Klar, indem man eine Beziehung mit ihr eingeht. Indem man Kontakt sucht. Eine Lehre befolgt man, einem Menschen folgt man. Jesus selbst macht also deutlich, dass Wahrheit und Beziehung untrennbar miteinander verbunden sind. Wahrheit ohne Beziehung bleibt unkonkret und … letztlich sinnlos."

Sie legte ihre Hand auf sein Knie. Sanft. „Übrigens, eines musst du mir noch verraten: Wie bist du auf die Antwort mit der Wahrheit gekommen?"

Sebastian erschrak. „Was ist eigentlich mit Döner?"

Nia strich ihm durchs Haar. „Alles gut. Entspann dich. Sonst hätte ich auch nicht so seelenruhig geschlafen …

Matze hat das Lamm gefunden. In einem kleinen Wald-stück hinter der Kapelle. Es lag dort ganz friedlich. War trotzdem ziemlich aufregend. Aber jetzt schläft es."

Der Journalist schmiegte sich in die Berührung Nias. „Das ist es ja: Döner hat mich auf die Lösung gebracht."

Er zuckte verlegen mit den Achseln. „Sieh mal: Es leben Abermillionen von Schafen in Europa – doch nur ein ein-ziges davon spielt in meinem Leben eine Rolle. Ich weiß, dass die anderen existieren, aber in der Realität ist nur eines davon für mich interessant. Döner ist meine Wahr-heit. Warum? Weil ich eine Beziehung zu ihm aufgebaut habe. Und die Beziehung hat in meinem Dasein eine neue Wahrheit entstehen lassen … ein Lamm … Ja, so ist das passiert."

Nia nickte. „Und jetzt?"

Sebastian schaute sie neugierig an.

„Keine Ahnung. Sag du es mir."

Nia ließ prüfend ihren Blick über ihn streifen. „Bist du in der Lage, dich neben mich ins Bett zu legen, ohne auf dumme Gedanken zu kommen?"

„Nun … es gibt ja auch schöne dumme Gedanken."

„Aber garantiert nicht heute Nacht um kurz vor vier. Also: Ja oder Nein?"

Er grummelte theatralisch: „Ja!"

„Gut, dann schlage ich vor, dass wir morgen früh zu deiner Mutter fahren. Dann kannst du ihr von den Ergeb-nissen deiner Suche berichten. Und dann … ja … ob sie dann noch einmal wagt zu vertrauen, auch wenn sie keine Gewissheit hat, muss sie, finde ich, selbst entscheiden."

Sie stand auf und zog ihn mit sich ins Schlafzimmer.

„Du, der eine, der auszog, dass Glauben zu lernen. Verrückter Hund. Den Glauben wolltest du lernen, jetzt hast du die Liebe gefunden – und darfst dich im Vertrauen üben."

Komisch, durchfuhr es Sebastian, das habe ich doch auch schon mal gedacht. Dann schmiegte er sich an Nia und war wenige Sekunden später eingeschlafen.

Ein paar Stunden später frühstückten sie ausgiebig, und Sebastian genoss es sehr, dass Nia andauernd seine Nähe suchte. Wenn sie etwas aus dem Kühlschrank holte, strich sie wie zufällig an seinem Nacken vorbei. Und wenn sie ihm das Nutella-Glas reichte, berührte sie sanft seine Hand.

Gegen halb zehn fuhren sie los. Die A3 war erstaunlich voll und Sebastian musste sich anfangs sehr auf den Verkehr konzentrieren. Später reihte er sich mit dem BMW hinter einem ungarischen Reisebus ein und schaute zu Nia hinüber.

Neugierig sagte er: „Wahrheit ist Beziehung. Wahrheit wächst in Beziehungen. Das klingt doch eigentlich super. Ich frage mich nur, warum dann trotzdem so viele Leute mit schlichten Glaubenssätzen zufrieden sind?"

Nia dachte einen Moment nach. „Wahrscheinlich, weil das wesentlich einfacher ist. Bequemer. Ich meine: Wenn mir jemand erklärt: ‚So ist das Leben!' oder ‚So ist Gott!', dann brauche ich ja nicht selbst aktiv zu werden. Dann scheint alles geklärt. Eine Beziehung dagegen muss ich intensiv pflegen. Sie wächst und entwickelt sich. Sie kann sich verändern – und sie wird vielleicht auch mal von

Zweifeln bedroht. Eine Beziehung ist lebendig. Eine absolute Glaubensaussage hingegen nicht. Darum hat Paulus ja mal so schön geschrieben: ‚Der Buchstabe tötet, aber der Geist macht lebendig.'"

Sie hob den Kopf. „Es klingt schlimm, aber da ist was dran: Der Buchstabe tötet. Trotzdem versuchen Naturwissenschaftler wie Theologen weiterhin, die Wirklichkeit in Formeln zu pressen, die zwar im Prinzip funktionieren, die wir aber gar nicht richtig begreifen können. Da wird dann zum Beispiel in Physikbüchern mit Fachausdrücken um sich geworfen, die selbst von totalen Insidern kaum verstanden werden. Und in der Kirche ist es nicht besser. Ich habe zu Hause ein theologisches Lexikon, in dem wimmelt es nur von so unaussprechlichen Begriffen wie ‚Eschatologie' und ‚Transsubstantiation' – entsetzlich. Mich wundert nicht, dass sich da viele mit Grausen abwenden. Zu einem Wort wie ‚Eschatologie' kannst du nun mal keine Beziehung aufbauen."

Sebastian trommelte auf das Lenkrad. „Ja, aber wenn das, was wir als wahr erleben, immer von unserer Beziehung zu den Dingen abhängt, müssten dann die Glaubensgemeinschaften nicht viel mehr dafür tun, dass Beziehungen gefördert werden? Also, zwischen den Menschen und Gott. Und zwischen den Menschen und den Menschen."

Nia nickte. „Da sprichst du ein großes Wort gelassen aus. Natürlich sind Beziehungen in vielen religiösen Gemeinschaften sehr wichtig. Aber in den meisten Gruppen werden sie von etwas ganz anderem überdeckt. Da geht es nämlich vor allem um das Gefühl von ‚Wir' und ‚die Anderen'. Verstehst du, was ich meine? ‚Wir' sind dann die

Guten, die ihre Werte und Normen gegen ‚die Anderen‘ verteidigen müssen – und die alles dafür tun sollten, damit ‚die Anderen‘ auch bald zum ‚Wir‘ gehören. Die Lehren der Kirchen dienen in solch einem Kontext dazu, eine Grenze abzustecken – zwischen den Insidern und den Outsidern. Dass wir von ‚den Anderen‘ eventuell ganz viel lernen können, wird völlig ausgeklammert. Und weil sich die eigene Identität an der Lehre, also an den vorgegebenen heiligen ‚Wahrheiten‘ festmacht, bleibt oftmals wenig Raum, der persönlichen Wahrheit auf den Grund zu gehen."

„Klingt nicht gut."

„Nee, ist auch nicht gut. Und tatsächlich sind die meisten der tradierten kirchlichen Rituale und Ordnungen überhaupt nicht darauf ausgerichtet, eine lebendige Gemeinschaft zu fördern. Ja, da herrscht regelrecht eine Sprachlosigkeit, was Beziehungen angeht. Und das ist total schade. Man wird mit ‚Wahrheiten‘ überschüttet – dabei sollte man lieber lernen, wie man selbst der Wahrheit auf den Grund gehen kann; wie man Beziehungen zu Gott und zu den anderen aufbaut. Verstehst du jetzt, warum mir diejenigen, die den Duft des Himmels riechen können, lieber sind als diejenigen, die ihn mir immer nur erklären wollen? Es wird zu viel geredet und zu wenig geschnuppert. Hey, stell dir mal eine Gemeinschaft vor, in der die Beziehungen das Entscheidende sind. Natürlich die Beziehungen von Menschen, die gemeinsam nach Gott fragen. Wäre super, oder? Kirche als ein Ort, an dem man lernt, eine Beziehung zu Gott auszuprobieren. Das wäre eine starke Gemeinschaft."

Sie schaute gedankenverloren aus dem Fenster. Draußen flogen einige Funkmasten vorbei. „Nimm ... ja, nimm zum Beispiel mal das Abendmahl. Das ist doch eine völlig paradoxe Veranstaltung, bei der man gerade nicht die Art von Gemeinschaft erlebt, die üblicherweise mit einem gemeinsamen Essen verbunden ist. Und ob die Menschen beim Schlucken einer vertrockneten Oblate eine tiefe Beziehung zu Gott empfinden, weiß ich auch nicht. Aber das muss jeder selbst entscheiden. Ich jedenfalls habe den Eindruck, dass so etwas wie die Spiritualität einer Gruppe in den meisten Gemeinden kaum gefördert wird."

Einige Minuten schwiegen beide. Dann sagte Sebastian: „Du wolltest mir doch noch erzählen, woher du deine Freunde kennst."

Sie drehte sich zu ihm und verlagerte dazu ihre Sitzposition. „Eigentlich komisch. Es war genau diese Geschichte. Petra, Matze, ich ... und noch einige andere ... wir waren früher alle zusammen in einer Jugendgruppe. Da gab es einen super entspannten Jugendreferenten, der mit uns eine tolle Gemeinschaft aufgebaut hat. Wir hatten damals alle das Gefühl: Wir sind zusammen auf dem Weg. Wir teilen unser Leben. Natürlich haben wir auch gerne rauschende Partys gefeiert – aber es war zugleich klar: Wir wollen gemeinsam Gott finden. Dieses Miteinander war ... das kann ich dir überhaupt nicht mit Worten beschreiben. Eben ein richtig gutes Team. Freunde, die gemeinsam durch dick und dünn gehen."

Nia stellte die Heizung etwas wärmer. „Na ja, und dann ist Holger, unser Leiter, aus beruflichen Gründen nach Norddeutschland gezogen. Was aber nicht so schlimm war … wir waren ohnehin schon alle aus dem Jugendalter raus. Nur: Jetzt standen wir auf einmal da, mit unseren 19 Jahren, und wollten diese innige Verbundenheit weiterpflegen. Wir fühlten uns hochmotiviert. Bis wir feststellten: In unserer Gemeinde gab es dafür irgendwie gar keinen Raum. Wir kamen mit unseren heiteren Sehnsüchten und Idealen weder im Gemeindeleben noch im Gottesdienst vor. Und alle Anfragen, die wir diesbezüglich an den Kirchenvorstand gestellt haben, liefen ins Leere. Tja, und da haben wir beschlossen, unsere Gruppe außerhalb der Gemeinde weiterlaufen zu lassen. Wir treffen uns jetzt einmal im Monat privat. Obwohl einige auch ein Stück weggezogen sind. Also: Wir sind auf unterschiedliche Art und Weise weiterhin in den jeweiligen Ortsgemeinden aktiv – aber unseren Glauben … den leben wir in unserer … na, wir nennen sie immer noch ‚Jugendgruppe‘. Verrückt, oder?"

Als sie den Main überquert hatten und Richtung Miquel-Adickes-Allee abbogen, wurde Sebastian unruhig. „Sag mal, Nia, du hast so viel vom Duft des Himmels gesprochen. Diesen Duft … Kannst du ihn mir beschreiben? Irgendwie?"

Ihre Augen blitzten. „Der Himmel … mmh … der Himmel …" Sie sog mehrfach intensiv die Luft ein. „… ja, der duftet nach … nach ‚Genau so soll es sein‘. Nach ‚Ich bin gewollt‘, ‚Ich bin geliebt‘ und ‚Mir wird vergeben‘. Dazwischen ein Hauch von ‚Wie schön ist dieses Leben‘ und eine feine Nuance ‚Einer ist da, der hat alles in der Hand‘. Als Grundlage – das hatten wir ja schon – ‚Ich kann vertrauen‘

und jeweils ein feiner Schuss von ‚Ich kann glauben‘, ‚Ich kann lieben‘ und ‚Ich kann hoffen ‘. Und wenn man ganz achtsam schnuppert, dann entdeckt man auch noch die Komponenten ‚Gelassenheit‘ und ‚Zuversicht‘.“

„Ach ja … und wonach riecht diese extravagante Mischung dann genau?“

Nia schmiegte sich an ihn. Soweit das mit dem Gurt möglich war. „Glaub mir, wenn du ihn riechst, dann erkennst du den Duft des Himmels. Ganz gewiss.“

Vera machte ihnen die Tür auf.

„Schwesterherz, das ist Nia.“

„Sag mal, seit wann nennst du mich ‚Schwesterherz‘?“ Einen Augenblick betrachtete sie ihren Bruder prüfend. Dann nickte sie mit einem verschmitzten Seitenblick auf Nia. „Ach so, ich verstehe. Herzlich willkommen, Nia.“

Als sei es ganz selbstverständlich, umarmten sich die beiden Frauen.

Sebastian zog seine Jacke aus und hängte sie an die Garderobe. „Wie geht es ihr heute?“

Vera löste sich wieder von Nia. „Eigentlich unverändert. Dr. Heine behauptet zwar, es ginge dem Ende entgegen, aber sie hat eben einen starken Willen. Und natürlich wartet sie auf dich. Komm, lass uns gleich zu ihr gehen.“

Dann saß der Journalist an Janas Bett. So wie vor einer Woche. Und doch war alles anders.

Seine Mutter hatte mithilfe der elektrischen Rückenlehnenverstellung ihren Oberkörper angehoben und hörte aufmerksam zu. Mit geschlossenen Augen. Und Sebastian erzählte …

… von dem irritierenden Gespräch mit dem Offenbacher Pfarrer, vom eigensinnigen „Schaf-Schorsch" und vom beschwingten Mitglied der Rock-Gemeinde;

… von Döner und von der erstaunlichen Begegnung mit Nia;

… von ihren gemeinsamen Suchen, erst nach dem richtigen Zugang zum Glauben – und dann nach dem verlorenen Schaf im Rodgau;

… und auch von ihrer Liebe. Davon hätte er am liebsten endlos geschwärmt;

… vor allem aber von den verschiedenen Spielarten der Wahrheit; von seiner verzweifelten Suche nach Beweisen – und der Erkenntnis, dass Beweise manchmal den Erfahrungen eher im Weg stehen als sie zu ermöglichen;

… von der Erkenntnis, dass die meisten Wahrheiten erst in der Beziehung erfasst werden können, die wir zu ihnen haben;

… und davon, dass Glaube und Liebe unendlich viel gemeinsam haben. Beweisen können wir sie nicht. Aber da, wo wir uns auf sie einlassen, entdecken wir, ob sie wahr sind oder nicht.

Jana hörte zu.
Und fing irgendwann an zu weinen.

Gott ist so groß,
dass er es wohl wert ist,
ihn ein Leben lang zu suchen.

Teresa von Ávila (1515–1582)

Ich habe keine Ahnung, ob dir das jetzt irgendwie weiterhilft. Mama ... Jana. Tut mir leid, falls du dir etwas ganz anderes erhofft hast. Ich kann dir deinen Glaubensbeweis nicht liefern. Es gibt keinen. Jedenfalls keinen objektiven. Ich kann dir nur erklären, wie du ihn selbst für dich finden kannst. Ganz neu. Vielleicht ...“

„Sebastian! Ich danke dir.“

„Na ja, ich bin es gewohnt, etwas Handfesteres mitzubringen, wenn ich einen Job abschließe ...“

„Hör bitte auf. Ich hab doch gesagt, dass ich dir danke.“

Jana keuchte. Dann schien ein Ruck durch sie durch zu gehen. Energisch sagte sie: „Ich habe dich belogen, Sebastian.“

„Wie ... meinst ... du ... das?

„Ich hatte meinen Glauben nicht verloren. Nicht eine Minute.“

„Was?“

„Es tut mir leid. Alles.“

„Also ... dafür hast du deine Verzweiflung aber ziemlich gut gespielt.“

Sie schluckte. „Ich habe tatsächlich vor einiger Zeit bei uns in der Gemeinde an einem Theaterseminar teilgenommen ...“

„Jana!"

Die Mutter sah auf die Bettdecke herab. Starr. „Nein, es ist ganz anders … Meine Verzweiflung war echt … Glaub mir. Ich wollte nur Gutes. Wirklich. Nur war ich nicht wegen mir verzweifelt … sondern … sondern wegen dir. Ja. Sebastian! Ich wollte nicht sterben, ohne dass du die Schönheit des Glaubens kennengelernt hast. Nenn es den Tick einer alten Frau. Aber ich hatte solche Angst um dich. Ich hätte nie in Frieden sterben können … mit dem schrecklichen Gefühl, dass alles Himmlische für dich … bedeutungslos ist. Dass du vor …. Ach, egal. Wie dem auch sei. Ich dachte: Das muss ich noch erledigen. Um jeden Preis. Begreifst du? Ja. Du warst mein verlorener Sohn, und ich wollte unbedingt, dass du noch eine Chance bekommst, den Glauben zu entdecken."

Sebastian erhob sich mit einer einzigen Bewegung. „Mutter, das ist das Ärgerlichste, was ich je gehört habe. Du hast mir hier … dein abgrundtiefes Elend präsentiert … die ganz große Nummer … ‚Ach, es geht mir ja so schlecht … Rette mich!' … Ja, du hast mich tierisch unter Druck gesetzt … und mich auf eine total bescheuerte Expedition geschickt … Ich ziehe los … voller Sorgen … sage einen äußerst lukrativen Auftrag ab …"

Die Stimme des Journalisten wurde immer lauter. „Was meinst du, wie das Management von Dean Karnazes reagiert hat … und ich … Weißt du was? …. Ich hätte diese Woche sogar noch kurzfristig ein Interview mit Herbert Nitsch haben können, dem erfolgreichsten Apnoetaucher der Welt … der kann über 9 Minuten unter Wasser bleiben und hat sämtliche Freitauchrekorde der Welt gebrochen

… weit über 200 Meter Tiefe … mit einem einzigen Atem-zug … eine absolute Megastory … und was mache ich? … Ich zermartere mir stattdessen das Hirn, wie du dein Seelenheil wiederfindest … deinen Herrgott … Ich besuche langweilige Gottesdienste … Reiße mir, auf gut Deutsch, den Arsch auf … und das alles nur, weil du dir so einen bescheuerten Plan ausgedacht hast … so eine hirnrissige Aufgabe, für die ich unglaublich … ach, was …"

Erregt lief der Journalist in dem Zimmer auf und ab. Bis ihm Nia die Hand auf den Arm legte. Zärtlich.

„Vielleicht war der Plan deiner Mutter … bescheuert, aber immerhin sind wir uns dadurch begegnet. Findest du das auch bescheuert? Oder kann das deinen Zorn wenigstens ein bisschen besänftigen? Na? Nur ein ganz kleines bisschen?"

Sebastian blieb stehen. Schaute Nia in die Augen. Und musste grinsen. „Hey, natürlich nicht. Entschuldigt. Ist so aus mir rausgebrochen."

Er wandte sich wieder zu seiner Mutter. „Also, Jana, auch wenn ich deinen gemeinen Anschlag äußerst verwerflich finde, ist etwas Gutes daraus geworden. Insofern: Danke. Nur … ich habe ja noch gar nicht gesagt, dass ich jetzt glaube. Vielleicht triumphierst du zu früh. Ich habe nur gesagt, dass ich jetzt ahne, wie es gehen könnte. Mehr als eine Ahnung ist es aber noch nicht."

Jana nickte. Langsam. Als bereite es ihr Schmerzen. „Ich triumphiere gar nicht. Denn ob du's glaubst oder nicht: Deine Spiritualität ist für mich in diesem Augenblick gar nicht das Wichtigste. Du hast einen Weg gefunden. Das finde ich großartig. Und du kannst nun selbst entscheiden, ob du ihn gehen willst oder nicht. Du bist alt genug."

Sie schloss kurz die Augen. „Eines möchte ich aber noch wissen: Das mit der Wahrheit aus der Beziehung … ist das nicht am Ende dann doch nur eine Frage des Gefühls? So wie bei dem begeisterten jungen Mann in der Fabrikhalle?"

Sebastian setzte an, aber Nia kam ihm zuvor. „Ich finde nicht. Ein Gefühl ist meist ein kurzzeitiges Phänomen. Ein emotionaler Augenblick. Aber wenn ich zu etwas … oder jemandem eine Beziehung eingehe, dann wird daraus eine Erfahrung. Und Erfahrungen sind viel umfassender, reicher und stärker als ein Gefühl."

Jana nickte. Dann murmelte sie: „Würdet ihr bitte etwas näher kommen? Ich kann nicht mehr so laut reden. Bitte, damit ihr mich auch versteht. Nia! Ich freue mich sehr, dass Sebastian Sie auf seiner Suche gefunden hat …"

„Ich bin einfach … Nia. Ja?"

„Nia, ich bin froh, dass Sebastian dich gefunden hat. Passen Sie … pass gut auf ihn auf. Ich bin nicht immer überzeugt, dass er das schon alleine kann. Nein, wartet. Ich muss noch etwas sagen. Wenn ich das bei all den merkwürdigen Episoden über das Lamm mit dem aberwitzigen Namen richtig verstanden habe, dann hast du meinen Sohn auf die richtige Fährte gebracht. Aber … nicht nur ihn."

„Inwiefern!"

Draußen war eine Fahrradklingel zu hören. Schrill.

Sebastian setzte sich wieder aufs Bett, war sich aber gar nicht sicher, ob seine Mutter es noch mitbekam – so versunken war sie in ihren Gedanken.

„Diese Geschichte … eure Geschichte … also, ich weiß natürlich nicht, was sie für Sebastian in Zukunft bedeuten wird. Aber für mich … für mich ist sie wie ein kleines Wunder. Hier und jetzt. Wie soll ich das ausdrücken? Es fällt mir richtig schwer, dafür Worte zu finden. Es ist so: Dieser Gedanke mit der ‚Wahrheit in der Beziehung' berührt mich. Als würde so etwas wie ein Schlussstein in meinem Glauben gesetzt. In meiner Spiritualität. Ja, ich war all die Jahre der festen Überzeugung, ich hätte das mit Gott und der Kirche verstanden. Wirklich. Ich dachte, ich hätte meinen Glauben im Griff. Und …"

Sie schwieg einen Augenblick, um sich zu sammeln. „… dadurch … also, dadurch war ich kaum noch in der Lage, etwas dazuzulernen. Warum hätte ich auch? Das war doch überflüssig. Natürlich hätte ich es früher niemals so ausgedrückt, ich habe es ja auch nicht so empfunden, aber ich habe so gelebt. Und vor lauter Gewissheit habe ich die Beziehungen vernachlässigt."

Ihre Stimme wurde wieder fester. „Während ihr erzählt habt, ist mir etwas klar geworden: Ich habe zum ersten Mal geahnt, wie du, Sebastian, mich möglicherweise erlebt hast. All die Jahre. Selbstbewusst, aber leider auch ziemlich selbstgerecht. Glaubensstark, aber gleichzeitig glaubensstur. Ich war mir immer so sicher. So verdammt sicher. Nein, leider viel zu sicher. Weil mir diese scheinbare Sicherheit, das Pochen auf bestimmte Glaubenslehren und Rituale Halt gegeben hat. Und ich meine, jetzt verstanden zu haben, dass ich mir selbst damit im Weg gestanden habe. So seltsam es klingen mag: Ich fürchte, ich habe viele herrliche Dimensionen des Glaubens nicht kennengelernt, weil ich immer schon dachte, ich wüsste, wie das alles geht. Schade ..."

Nia nahm die Hand von Sebastian und legte sie auf die Hand seiner Mutter. Die umschloss sie, als wollte sie ihren Sohn nie wieder loslassen. Als bündele sich in dieser Berührung ihr ganzes Dasein.

„Sebastian, ich hatte Halt. Das tat mir gut. Aber ich habe etwas an dir versäumt. Mir ist heute klar geworden, was ich wollte ... dass ich immer nur eines wollte: Du solltest glauben wie ich. Du solltest meinen Glauben übernehmen. Meine Erfahrungen. Meine Wahrheit. Was für ein Fehler!"

„Mutter!"

„Nein, es stimmt. Durch deine Erzählung ist mir klar geworden: Du musst deinen ganz eigenen Weg mit Gott finden. Wahrscheinlich habe ich es dir durch mein Insistieren auf meiner ganz persönlichen Religiosität erst recht schwergemacht. Ich dachte ernsthaft, mein Glauben wäre der Nabel der Welt ... Das war dumm von mir. Sehr dumm."

Jana drückte Sebastians Hand noch einmal mit aller Kraft. Verzweiflung lag in ihrer Miene. Flüsternd sagte sie: „Kannst du mir vergeben? Für all das, was ich an dir versäumt habe? Nicht aus böser Absicht. Sondern aus Unwissenheit. Sieh mal: Das, was ich für Liebe gehalten habe, war die Art von Liebe, wie ich sie brauchte. Und ich hätte fragen müssen, welche Liebe du brauchst. Ich war wohl keine gute Mutter, was das angeht. Darum: Bitte, vergib mir! Wenn du kannst."

Der Journalist erwiderte den Händedruck seiner Mutter. „Ich will es versuchen. Nein! Ich glaube, ich kann es. Wirklich. Aus ganzem Herzen. Auch wenn ich so manches Mal über dich geflucht habe."

Jana hielt seine Finger noch eine Minute, dann öffnete sie die Augen wieder, zog Nias Hand heran und legte sie in die Hand ihres Sohnes.

„Ihr beiden, ihr werdet das schon hinbekommen. Ich habe gar keine Angst mehr … Und jetzt muss ich ein wenig ausruhen. … Sebastian, kannst du bitte das Fenster öffnen?"

Sebastian drehte sich um, weil er Nias Hand nicht loslassen wollte, und zog mit einer schnellen Bewegung den Fensterflügel auf.

Und plötzlich –
er sog tief die Luft ein –
da konnte er
ihn riechen,
ja, das war er:
der Duft des Himmels.

Die Autoren

Martin Schultheiß, Jahrgang 1959, und Fabian Vogt, Jahrgang 1967, leben im Rhein-Main-Gebiet und arbeiten seit über 25 Jahren künstlerisch zusammen: Als „Duo Camillo" bringen die beiden ihre Gedanken und Geschichten in humoristischer Form auf die Bühne.

Als Autoren entdecken die beiden Frankfurter immer wieder, wie sehr ein Physiker und ein Theologe sich gegenseitig anregen und herausfordern können. So entstehen im Spannungsfeld zwischen Natur- und Geisteswissenschaft, zwischen Heiterkeit und Spiritualität sowie zwischen Literatur und Philosophie ganz unterschiedliche inspirierende Veröffentlichungen.

Danke schön!

Viele Menschen haben durch kluge Fragen, szenische An-
regungen und eigene Erfahrungen zu diesem Buch beigetragen. Besonders bedanken wir uns bei Bianca Voigt,
Miriam Küllmer-Vogt, Sandra Gajownik, Ingo Schütz und
der lässigen Männer-Expeditionsgruppe von Oberstedten.
Schön, dass es euch gibt.

Der Verlag weist ausdrücklich darauf hin, dass im Text enthaltene externe Links vom Verlag nur bis zum Zeitpunkt der Buchveröffentlichung eingesehen werden konnten. Auf spätere Veränderungen hat der Verlag keinerlei Einfluss. Eine Haftung des Verlags ist daher ausgeschlossen.

MIX
Papier aus verantwortungsvollen Quellen
FSC® C083411

Verlagsgruppe Random House FSC® N001967

© 2011 adeo Verlag
in der Gerth Medien GmbH, Dillerberg 1, 35614 Asslar,
in der Verlagsgruppe Random House GmbH

3. Auflage 2016
Bestell-Nr. 835089
ISBN 978-3-86334-089-6

Umschlaggestaltung und Satz: Stefan Wiesner
Druck und Verarbeitung: CPI books GmbH, Leck
Printed in Germany

www.adeo-verlag.de